AI赋能
项目经理

10倍提升项目管理效率

夏月东 ● 著

AI-POWERED
PROJECT MANAGER
10X EFFICIENCY
IN PROJECT MANAGEMENT

机械工业出版社
CHINA MACHINE PRESS

图书在版编目（CIP）数据

AI 赋能项目经理：10 倍提升项目管理效率 / 夏月东
著 . -- 北京 : 机械工业出版社 , 2025. 5. -- ISBN 978-
7-111-77820-2

Ⅰ. F27-39

中国国家版本馆 CIP 数据核字第 2025CK0875 号

机械工业出版社（北京市百万庄大街 22 号　邮政编码 100037）
策划编辑：李梦娜　　　　　　　　责任编辑：李梦娜
责任校对：任婷婷　马荣华　景　飞　责任印制：常天培
北京机工印刷厂有限公司印刷
2025 年 5 月第 1 版第 1 次印刷
170mm×230mm・12.75 印张・233 千字
标准书号：ISBN 978-7-111-77820-2
定价：69.00 元

电话服务　　　　　　　　　　网络服务
客服电话：010-88361066　　机　工　官　网：www.cmpbook.com
　　　　　010-88379833　　机　工　官　博：weibo.com/cmp1952
　　　　　010-68326294　　金　书　网：www.golden-book.com
封底无防伪标均为盗版　　机工教育服务网：www.cmpedu.com

为什么要写这本书

　　AIGC 在 2024 年几乎成为科技行业的标志性词汇，涉及从大型模型到多模态、小型模型，再到具身智能、端侧智能，以及 AI PC、AI Phone 等多种形式。智能技术及其应用场景已经全面渗透到我们生活的各个方面。我们尤其需要关注数字工具的智能化趋势，因为这直接关系到职场竞争力的提升。对于即将步入社会的大学生来说，掌握前沿技术是提升自身竞争力的关键途径。

　　随着微软推出 Copilot PC 和 OpenAI 发布 GPT-4o，融合智能技术的硬件设备已经成为我们日常生活的一部分，开始深刻改变我们的工作方式。GPT-4o 展现出的强大能力使我们深刻感受到智能时代的来临。理解前沿技术、熟悉应用场景，并在实践中灵活运用，从而轻松驾驭这些技术，是智能化时代带给我们的重要红利与关键挑战。从移动互联网到今天的 AIGC，技术始终是驱动变革的重要因素之一。

　　在日常的写作、数据分析、资料整理和信息处理等工作中，笔者已深切体会到数字工具中的智能功能的重要性，尤其是在处理海量数据和信息时。过去一年，智能技术带来的效率提升是令人惊叹且难以想象的。

　　在 GPT-4o 发布的第一时间，笔者就体验了它在数据和内容解析方面的强大能力。从业以来，这是笔者首次感受到智能技术带来的真正智能化反馈。严格来说，GPT-4o 生成的内容已经能够直接使用，甚至在某些方面超越了部分具有较丰富工作经验的人的能力。

　　同时，本土化数字工具中的智能功能的迭代与更新几乎在一夜之间完成，如今我们很难找到不具备智能功能的工具，这种迅速发展的速度让人们深刻感受到智能技术的潜力与影响。大模型技术仍在以超乎想象的速度演进，我们有理由相信，在可预见的未来，智能技术将对我们的生活与工作产生深远影响。

专业能力的替代是我们对智能技术发展的主要担忧。甚至，我们已经在专业领域见到了智能技术的应用。面对不可逆转的技术浪潮，我们应选择融合而非排斥或回避，通过人与 AI 的结合抢占先机，是应对挑战的最佳方式。

基于上述背景，本书围绕 AIGC 技术的应用场景与案例，结合项目经理这一职业，重点介绍了 AIGC 技术在项目管理工作中的应用方法，并大量使用了本土化数字工具中的 AI 功能。

本书特色

本书通过具体实操案例，展现了智能工具协同网络的搭建。本书的主要特色如下：

- □ 低难度工具：笔者精选了众多本土化工具，旨在让读者能够轻松获取并快速参照实践。同时分享了一些极具实用性的数字工具，以帮助读者高效完成各项任务。
- □ 无门槛操作：本书案例中的场景、操作都很直观，对读者而言没有操作难度，极易上手。
- □ 高效率协同：在数字化时代，掌握数字工具的协同使用已成为一项宝贵的技能。本书通过构建数字工具协同体系，为读者提供了实践参考，帮助读者在日常工作中有效应用这些工具，提升工作效率。

如何阅读本书

本书共 9 章，主要内容如下：

首先，介绍 AIGC 发展简史以及核心概念、技术场景。

其次，结合项目管理的核心事项，阐述 AIGC 技术是如何赋能项目经理的，即项目经理如何通过构建数字工具协同体系，在智能技术的加持下提升职业竞争力。

再次，结合实践介绍常用数字工具中的 AI 功能，包括快速撰写文案、智能地处理和分析数据、项目演示、项目执行监督、项目复盘等，引领读者迈入 AI 时代的职业变革阶段。

最后，解析 AIGC 技术的未来动态，说明我们应该如何面对 AI 时代。

本书通过深入探索 AIGC 领域，使读者理解并掌握 AIGC 技术在项目管理中的应用，以及它如何塑造未来的工作方式。

本书读者对象

本书适合以下读者阅读：

❑ 项目经理和产品经理

❑ 职业教育相关人士

❑ 初创企业创业者

❑ 中小微企业主

❑ 其他职场人士

如果读者在阅读的过程中需要进一步沟通，可以添加作者微信（微信号为sytimer），或者关注公众号 Metakey（公众微信号为 Nealverse）。

目　录 *Contents*

第 1 章 *Chapter 1*

AGI 与 AIGC

ChatGPT 使一个新的技术名词开始流行——AIGC（人工智能生成内容）。AI（人工智能）是普通人对网络世界想象的天花板，但如果进一步探讨，人们对 AI 的终极想象应聚焦于通用人工智能（AGI）技术，而非 AIGC。

AIGC 就像由人类培育的智能的早期形态。例如，在设置智能助手 Siri 时，用户需要输入语音内容，让智能助手理解和适应用户的需求，从而做出准确的回应。

1.1 AIGC 崛起：通往 AGI 之路

对于 AGI，OpenAI 官网这样说：

OpenAI 的使命是确保通用人工智能——我们指的是在大多数具有经济价值的工作中超越人类的高效自主系统——造福全人类。我们将尝试直接构建安全有益的 AGI，但如果我们的工作帮助他人达到了这一成果，我们也会认为该使命得以实现。

也就是说，AGI 被 OpenAI 视为发展的目标。

AGI 代表着人们对 AI 的基本想象。然而，正如上述提到的 Siri 一样，任何技术的发展都需要经历循序渐进的过程。通过不断改进和优化，技术才能走向成熟并最终成为现实。在 iPhone 问世之前，诺基亚的手机也被称为"智能手机"，其搭载的移动应用实现了早期的移动场景功能。然而，从今天的视角来看，由于缺乏更高效的通信网络，这些设备运行起来显得缓慢且笨重。但正如我们所理解的那样，只要技术发展的方向是正确的，其实现就只是时间问题。

谈及 AIGC 技术时，我们经常会关联到另一个重要名词——LLM（大型语言模型）。IBM 官网对 LLM 的定义如下：

LLM 是一类基础模型，它们经过大量数据训练，以提供多个用例和应用程序以及完成大量任务所需的基础功能。这与为每个用例单独构建和训练领域专用模型的想法形成鲜明对比，后者在许多方面（最重要的是成本和基础架构）令人望而却步，会抑制协同作用，甚至可能导致性能下降。

学习 AIGC 相关知识的过程中，还会涉及其他技术名词，其中以 NLP、Transformer、GPT 这几个概念较为常见。

在人工智能技术发展的道路上，NLP（自然语言处理）领域的发展至为关键。在这一领域中，语言模型是一种重要的预训练模型，通过对大量源数据的学习、理解，生成新的数据内容。Transformer 则是由深度学习技术发展而来的模型架构。随着数据规模的增大，LLM 应运而生，而 Transformer 被广泛运用于 LLM 中，发展出基于这一架构的 GPT 等模型。正如同前面所述，在通往 AGI 的道路上，技术实现并非一蹴而就，而是循序渐进的，逐步实现普及新技术的目标。

数据化、数字化、智能化的演进，标志着网络技术逐步迈入深度变革的关键阶段。尤其是在数字化进程之后，网络世界中的数据得以高效连接，这种深度连接不仅增强了数据的流动性与价值挖掘能力，更为大模型技术的发展提供了充足且优质的基础原料。

 注意 AI 与 AIGC 这两个智能领域的关键术语常常令人混淆，尤其是再加上 AGI，更容易使人迷惑。因此有必要对这些概念进行简要阐述，以便读者在阅读本书时更好地理解和区分。

- ❑ AI：人工智能的泛称，涵盖了与智能相关的几乎所有技术和应用。
- ❑ AGI：通用人工智能，是智能技术发展的终极目标，代表机器能够全面模拟人类智能的能力。
- ❑ AIGC：人工智能生成内容，是生成式人工智能的具体表现形式之一。这是一个阶段性的技术名词，特指当前蓬勃发展的生成大模型技术。

本书所描述的智能化场景正是基于当前的技术发展阶段，其中提到的"AI"主要是指 AIGC。

1.1.1　数字化进程推动的效率革命

1. 从移动化到数字化

移动互联网的高峰是高速通信网络普及之后达到的。移动化、数字化等不同技术场景的意义十分显著。如果没有前者的技术积累，就难以展现后者所带来的深远影响。如今，在国内，数字化所带来的便利几乎随处可见。例如，办理公司业务已经基本不需要亲自前往相关机构，只需打开小程序或下载 App 即可轻松完成；个税申报、退税等事务，如今也可以通过数字工具高效处理。看似简单的操作，实际上涉及庞大的人群需求与服务人员数量，已然是一项令人瞩目的工程。移动支付更是从电商购物这一细分领域逐步扩展到社会的各个方面，同时为数字人民币的推广奠定了坚实的基础。数字人民币如图 1-1 所示。

图 1-1　数字人民币

无论是在线办理具体业务，还是推动数字人民币的普及，其前提都在于具备大规模应用的基础条件。这既包括海量的需求，也包括可靠的技术落地方案。只有在这些条件下，才能实现社会普及度较高的效率变革，而"效率"正是数字化转型中被提及最多的关键词。

2. 从数字化到智能化

当前，传统软件正向智能化方向迈进。在此之前，软件经历了移动化和数字化两个重要阶段。软件智能化和移动化的概念相对直观易懂，而软件数字化则因其复杂性让许多人感到困惑。尽管我们对数字化展开了大量探索，但仍有不少人对其认识模糊。实际上，通过对比各自的应用场景，可以更清楚地辨析数字化场景的独特之处。

如今，软件订阅模式已成为主流，如月付、季付或年付等多样化形式。然而，这只是软件发展中的一个特点。今天的软件更加注重协同能力，能够将团队成员的力量集中在项目本身，共同实现创作目标。协同文档软件正是传统办公软件的升级版本，甚至在普及度上已超过传统办公软件，并反过来推动了后者的转型。协同文档软件的核心优势在于其高度协作性、多功能性和开放性。例如，无论是撰写项目文档、收集需求，还是整理数据，用户都可以通过一款软件完成。此外，其跨平台、跨端口的特性使用户能够在不同场景下随时随地处理工作任务。

这种高度集成的特性，尤其是多种软件功能的整合，标志着数字工具从单一工具向综合平台转变。这种集成化的数字工具不仅极大提升了效率，也为迈向智能化奠定了基础条件。

集成化趋势已经不再局限于少数软件，而是成为当下的一种普遍现象。无论是移动端的软件，还是传统的网页端软件，都在不约而同地迈向高度集成的阶段。这一趋势的优势，在如今的 AI 时代得到了淋漓尽致的展现。

AI 的本质是追求更高效率的工具，有别于传统软件和移动化场景中孵化的应用。AI 产品的终极形态是用户无须打开多个软件，即可通过一个端口、页面或 App 完成多样化且复杂的任务。例如，手机中的智能助手、腾讯文档内测的智能助手都很好地展示了这种应用场景：我们无须打开手机 App，只需通过与智能助手进行语音对话，就可以随时完成任务，比如打开某个 App、请求 App 协助完成工作、向好友发送短信、设置闹钟或播放音乐等。

腾讯文档内测的智能助手如图 1-2 所示。

图 1-2　腾讯文档内测的智能助手

　　从移动化、数字化到智能化，带给我们的最大感受是效率的不断提升。在移动化时代，人们可以将软件和智能设备装进口袋；在数字化时代，移动智能设备让我们随时随地处理复杂任务，同时与团队成员建立紧密联系；而在智能化时代，仅需提供具体指令，就能完成预期的任务。当然，目前我们仍需要通过输入文本指令或内容，让 AIGC 工具辅助完成包括复杂任务在内的一系列工作。

　　效率的变革，或者说对效率的不懈追求，是驱动人类开发更高技术手段的内在动力。数字化进程带来的模式转变，使数字工具成为集成化的平台。当大规模数据能够随时被调用和分析时，就催生了智能化技术的必要条件与环境。而诞生于数字世界的 AI，不仅是更高效率的代表，还天然具备高度集成化的特点。

1.1.2　大模型发展简史

　　今天，ChatGPT 几乎已成为 AI 的代名词。这一切源于 OpenAI 将 ChatGPT 推向社会，进而引发了生成式人工智能的爆发式增长。从 ChatGPT 问世到现在，AI 已迅速成为全社会关注的焦点，甚至上升至国家战略层面。围绕 AI 衍生出的相关产业，也逐步成为全球经济发展的重要一环。

　　正如"罗马不是一天建成的"，ChatGPT 的出现并非偶然，而是基于由 Transformer 演化而来的 LLM。大模型为 AI 发展提供了核心基础框架，被广泛认为是迈向 AGI 的必经之路。

　　然而，生成式人工智能达到今天的高度，并非一蹴而就。

　　早在 2017 年，DeepMind 便提出了 RLHF（基于人类反馈的强化学习）概念，而 Transformer 的起源则可以追溯到 20 世纪 90 年代。其突破性进展发生在 2017 年，当时谷歌研究团队正式发布了 Transformer 架构，为 LLM 奠定了技术基础，也为 GPT 的诞生铺平了道路。随后，OpenAI 抓住了这一关键契机，经过多个版本的迭代与优化，最终在 2022 年底发布了 ChatGPT，成为 AI 时代的引领者。OpenAI 的联合创始人 Sam Altman 因此被誉为"AI 之父"。

　　因 ChatGPT 和 Sora 的成功，OpenAI 几乎成为 AI 的象征。如今提到 AI，几乎无法绕过 OpenAI 的名字。甚至，在通往 AGI 的道路上，世界模型被广泛讨论时，Sora 被部分人认为是其具体形态之一。

　　凭借 ChatGPT 与 Sora，OpenAI 已牢牢站在 AI 技术发展的前沿。这也显著提升了其最大投资者微软的市值。反观谷歌，这位曾经的 AI 领域霸主，在这一轮 AI 技术浪潮中却成为失意者。谷歌发布的 Gemini 模型因存在严重错误，在网络平台上饱受争议，成为讨论的焦点。

　　如果将世界模型视为通往 AGI 的关键钥匙，现阶段 OpenAI 的领先地位尚不稳固。例如，2024 年 3 月 4 日，由 OpenAI 创始团队的部分成员创建的公司 Anthropic 发布了多模态 Claude 3 模型，其技术水平被认为领先于 OpenAI 的 GPT-4。这使得 AI 先进模型的竞争越发白热化。同时，苹果公司在放弃汽车业务后，也全力投入 AI 领域，这进一步表明 AI 已成为科技公司竞争的关键战场。

更引人注目的是，在模型之争激烈进行的同时，AI 技术的跨领域应用也成为科技公司的重要战略方向。2024 年 2 月 23 日，包括 OpenAI、微软和英伟达在内的科技巨头联合投资了机器人公司 Figure AI。而在此之前，微软已在材料科学领域推出了生成式人工智能模型 MatterGen，展现了 "AI+" 技术在各领域的广阔前景。可以说，"AI+" 已成为新一轮技术革命的关键词和重要实践方向。

1.1.3 AIGC 改变内容生产模式

ChatGPT 的问世引发了一场模型热潮，使得 AI 技术迅速成为各群体关注的焦点。其中最大的影响体现在数字工具和平台领域——"AIGC+"已经成为主流数字工具和平台的标配。GPT 通过开放 API，允许第三方平台接入其服务，这一功能也成为许多 AIGC 技术提供商的标准配置。第三方平台接入大模型后，通过微调优化，可以为用户提供更为精准的反馈。因此，无论是对大模型提供商还是对第三方平台而言，这都是一种双赢的模式。

1. 降低创作门槛

创作方式的变革是这一趋势最直观的体现，尤其在文本创作领域。以自媒体从业者为例，国内某知名内容平台的功能很好地诠释了这一点。当用户在文本框中输入提示性内容后，AI 便可以帮助用户完成续写，如图 1-3 和图 1-4 所示。该平台提供了三种 AI 功能，当选择"全文扩写"功能时，AI 能够生成数百字的扩展内容，如图 1-5 和图 1-6 所示。

图 1-3　在某自媒体平台的文本框中输入提示性内容

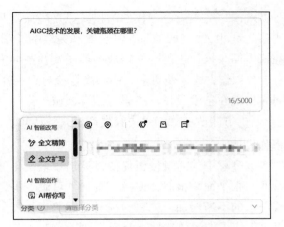

图 1-4　AI 功能的三个选项

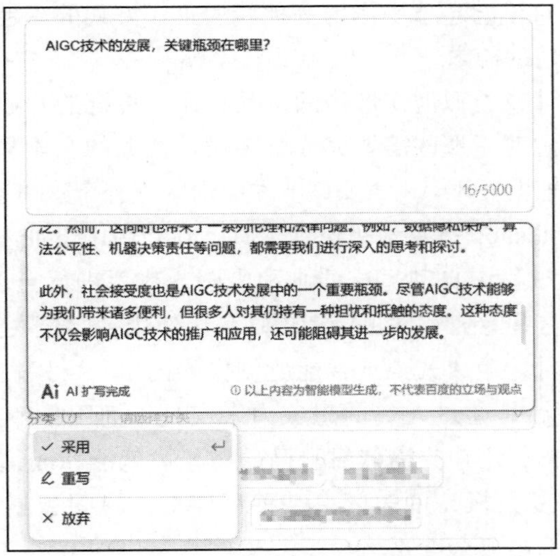

AIGC技术的发展，关键瓶颈在哪里？

16/5000

之。然而，这同时也带来了一系列伦理和法律问题。例如，数据隐私保护、算法公平性、机器决策责任等问题，都需要我们进行深入的思考和探讨。

此外，社会接受度也是AIGC技术发展中的一个重要瓶颈。尽管AIGC技术能够为我们带来诸多便利，但很多人对其仍持有一种担忧和抵触的态度。这种态度不仅会影响AIGC技术的推广和应用，还可能阻碍其进一步的发展。

Ai AI扩写完成　　　　　　① 以上内容为智能模型生成，不代表百度的立场与观点

✓ 采用　　　　　↵
✎ 重写
✕ 放弃

图 1-5　AI 扩写内容

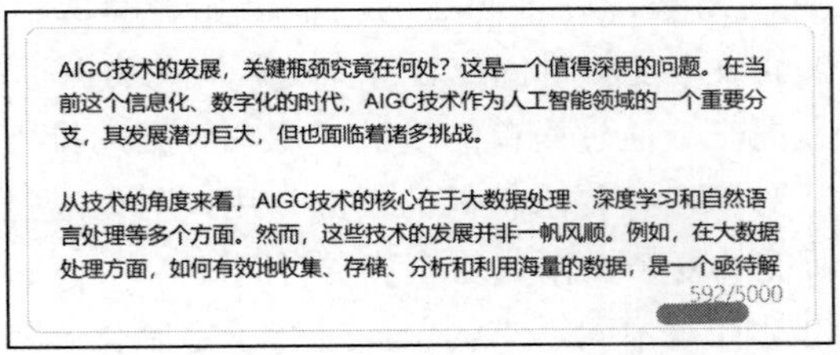

AIGC技术的发展，关键瓶颈究竟在何处？这是一个值得深思的问题。在当前这个信息化、数字化的时代，AIGC技术作为人工智能领域的一个重要分支，其发展潜力巨大，但也面临着诸多挑战。

从技术的角度来看，AIGC技术的核心在于大数据处理、深度学习和自然语言处理等多个方面。然而，这些技术的发展并非一帆风顺。例如，在大数据处理方面，如何有效地收集、存储、分析和利用海量的数据，是一个亟待解

592/5000

图 1-6　AI 扩写完成的内容，接近 600 字

从这个案例可以看出，文本内容创作的门槛正显著降低。几乎所有人都可以通过输入提示性内容，利用 AI 完成扩写，甚至实现完整的文章撰写。再结合 AI 生成图片的功能，仅需简单操作便能轻松完成一篇图文并茂的内容创作。这种便捷性正在彻底改变传统创作方式，使更多人能够高效参与到内容生产中。

相似的现象同样出现在艺术设计、摄影后期等领域。作为一款全能型效率工具，AIGC 正在以全新的方式改变我们对内容生产模式的认知。

2. 降低软件操作门槛

在数字工具的变革过程中，通过模板促使设计工作轻量化已经成为一个显著趋势。例如，在设计一张平面海报时，使用工具如"可画"等，就可以完成轻量级创作任务。随着需求的不断增加，工具的简易化趋势还扩展到了视频、PPT 等多个细分领域。相比于传统的设计软件 Adobe 系列，这些工具更关注企业中可标准化的大量设计需求。尤其是随着自媒体创作的兴起，轻量化设计的需求规模已呈现出巨大增长。它早已超越了作为一种新型工作方式的兴趣探索阶段，逐步发展为一种广泛而刚性的需求。

支持轻量化设计或类似创作形式的工具相比于传统的专业设计工具，在自主性上有所欠缺，因此对于那些需要完成复杂设计任务的企业和个人而言，轻量化工具更多作为一种辅助性工具。AIGC 技术的引入弥补了这一不足。例如，Adobe 的 Illustrator 和 Photoshop 等重量级设计工具，在新版中已加入 AIGC 技术，能够帮助创作者在设计过程中自动生成插画和配图，或者进行自动设计与图片修改。借助 AIGC 技术，这些专业软件正变得更加易于使用，门槛大大降低。

从另一个角度看，生成式人工智能所创作的内容，可以被视为数字艺术的一种形式。其最大特点是通过人类的想象力来实现，而不依赖烦琐的软件操作流程。借助 AIGC 工具，用户只需依靠自己的想象力就能完成创作，极大地缩短了过去学习专业软件复杂操作的时间。某种程度上，时间积累在提高效率上的意义，对个体而言已不再那么重要。

3. 降低职业门槛

随着轻量化工具的出现，许多职业的门槛已显著降低。以内容创作行业为例，模板化创作带来的效率变革对创作者群体的影响尤为深远：

首先，效率大大提升。通过简单的模板应用和轻度的排版调整，设计和排版几乎实现了模板化。对于一些要求较低的任务，用户可以通过拖曳完成设计，大幅减少了传统软件所需的复杂操作，从而节省时间。

其次，模板化设计针对不同需求的版面进行了定制化，降低了专业门槛。尤其是对于新兴的内容创作和社群运营等需求，一键生成和一键导出已成为非常简单的操作。

最后，随着移动办公需求的增长，基于云计算的数字工具和平台本质上集成了版权和存储功能，形成了个体内容管理库。它们能够跨平台、跨设备随时随地进行调取与二次编辑。

以上场景正在文字、设计、短视频等多个领域上演，而这些领域的共同特点是：大量的工作内容都可以被程序化。例如，企业在制作在线宣传物料时，无须印刷，可以减少制版和颜色校对环节，使用工具（如"可画"等）能更高效地完成任务。这些任务完全可以拆解为若干元素，方便用户快速创建和制作数字化内容。同样的现象也出现在自媒体行业，根据图文内容的特点，格式化设计和一键发布等功能已经变得十分常见。

当 AIGC 技术与这些场景相结合时，会带来怎样的变化呢？我们前面提到，模板化操作的短板是难以处理复杂任务。轻量化软件虽然满足了便捷性需求，但也去除了传统软件中的一些复杂功能，减小了软件本身的占用空间。AIGC 技术正是弥补了这一不足。基于提示词生成内容的 AIGC 工具，能够根据创作者的想象力生成富有创造力和艺术感的作品。例如，在摄影行业中，传统摄影师拍摄的作品通过 Photoshop 和 Lightroom 进行后期创作，而如今通过 Midjourney 等 AIGC 工具，能够创作出更具艺术感的作品，甚至超越传统软件所能实现的深度和精度。

因此，AIGC 技术的发展，首先冲击的是那些可程序化的工作内容，这也解释了为何 OpenAI 发布 ChatGPT 时文字工作者反应强烈。同样，Sora 的出现对影视行业和短视频创作者产生了巨大影响。

我们可以得出一个结论：所有具有程序化或范式特征的职业，都是首先被 AI 技术冲击的职业，并且 AI 在这些职业中的效率远高于人类。同时，这也揭示了一个新趋势：想象力不再是空洞的幻想，而是衡量创造力的重要标准。当我们能够将想象转化为现实时，天马行空的创意本身便具备了实际意义。

项目管理等岗位，尤其是涉及多个领域的岗位，工作模式和类型非常符合范式特征。由于这些岗位通常要求跨多个领域，岗位工作人员往往难以做到全面，而在 AIGC 技术的支持下，这些岗位的准入门槛将大大降低，并且效率将达到新的高度。

1.2　从 GPT 到 GPTs

苹果公司在移动生态中的强大影响力源自其丰富的应用生态，这些应用软件几乎覆盖了生活和创作的各个领域，再加上性能卓越的硬件，构建了其对外竞争的护城河。App Store 也被视为苹果公司在移动时代的统治力和影响力的重要体现。

OpenAI 在 ChatGPT 模型取得成功后，提供了 API，方便第三方应用和开发者接入 OpenAI 的大模型产品，享受相应的服务。这一举措实际上是双赢的商业行为：第三方应用通过大模型产品提升自身的用户体验，并在应用过程中微调大模型以提升生成内容的准确性，而大模型则通过获取大量数据不断改进技术能力。更重要的是，目前的 AIGC 技术仍难以实现万物互联，各行业面临的情况差异巨大。而引入专业的行业应用提供商，利用其行业专业性来微调大模型产品，对于大模型提供商来说也是一条捷径。

从大模型 API 到大模型 GPTs，OpenAI 实现了另一项创举，使得大模型产品商在会员制的基础上，拓展了一种新的商业模式。

程序员在开发软件时，根据所使用的开发语言不同，会选择相应的 IDE（集成开发环境）工具。从专注编程的独立 IDE 工具到如今集成式的 IDE 平台，从全代码模式到无代码模式，集成化始终是发展的趋势。OpenAI 推出的 GPTs 模式与这一场景类似，即开发者通过 GPT Builder（创建器）创建不同类型的 GPTs，而在这一过程中，开发者不再需要具备专业的编程技术。随着技术的升级，未来创建应用和数字服务的门槛将进一步降低，这是显而易见的。

因此，像编程这样的工作，虽然技术要求和从业门槛相对较高，但随着 AIGC 技术的普及，编程将成为一种普及至全民的创作活动。从文字创作到艺术创作，我们可以将利用 AIGC 工具完成工作和生活中的创作需求的人群称为 AIGC 创作者。与如今的内容创作者不同，AIGC 创作者群体是由技术发展所推动、特定情况下造就的新群体。任何一名 AIGC 创作者的工作效率都会明显高于现有的内容创作者，可以简单地将其视为"超级个体"。而今天被定义为超级个体的人，或许在未来只是普通个体。

1.2.1 移动互联网的加速器

4G 网络和底层系统的升级推动我们进入了移动化生活。智能手机并非由 iPhone 首创，但如果没有后续大量的移动应用，移动互联网就无法呈现如今的规模和影响力。可以说，移动互联网时代是一场全面的社会性改革，它使我们实现了真正意义上的移动互联，在任何时间、任何场景下保持连接。

最大规模的在线化进程正是在移动互联网阶段发生的，这一进程推动了数字化时代的发展。如今支撑大模型爆发的基础框架 Transformer 也正是在这个阶段出现的。因此，在网络时代，规模效应是重要的催化剂。就如同我们提到的 GPTs，只有让 AI 技术及其衍生应用普及并连接最大规模的用户群体，才能促成 AI 技术以最快速度进行迭代与升级。

1.2.2　个体创造力被释放的时代

智能设备日益轻便，性能越发强大。在移动化普及的背景下，轻量化办公和移动化办公的软件成为新的发展方向。大量基于移动设备和 Web 端的创作软件成为人们的新选择。无论是文字、视频、图片、创作，还是复杂的设计等，新的创作形式正在取代传统的方式。

这些发生巨大改变的工具，无论在操作还是协同方面，都更好地满足了个人和组织对效率与移动化的需求。从组织角度看，传统企业转型为数字化企业后，其整体感和协调性大大增强。而从个体角度看，独立个体能够完成的任务越来越多，数字游民和独立创作者的概念正是在移动互联与数字化的背景下出现的。支撑这些变革的基础是智能设备和网络连接，强大的数字工具使得个人通过简单学习就能实现比以往小团队更大的工作量。

超级个体的现象正是在这一阶段发生的。其本质在于创作门槛的降低，智能设备和创作工具让任何人都能轻松完成内容创作，而不再依赖于专业设备和软件，这意味着每个个体都有机会获得流量红利。

然而，随着准入门槛的降低，竞争也日益加剧，众多的岗位与创作呈现规模化，流量的分配变得更加困难。尤其在算法机制下，机遇充满时效性和偶发性。今天的任何互联网平台都存在海量内容的积累，越来越多的细分领域变得拥挤。

如今，我们处于一个充满机遇的环境中，任何人都有变现的可能，只是"蛋糕"变得越来越小，而非越来越少。例如，某专业软件创作平台从独立安装模式转向基于云服务的订阅模式后，创建了创作者社区。任何人都可以选择第三方设计的模型进行二次编辑，从而提高创作效率。随着便捷性的提升，创作者数量快速增长，而单个创作者的收入却在下降。

因此，我们可以观察到，在红利期内，超级个体会呈现爆发式增长，但随着时间的推移，最终还是会回归到群体的胜利，包括收入和资源的分配趋于平衡。

不过，如今我们所处的环境已经变得不可避免地要接入网络，企业也需要通过网络连接实现新的发展路径。

1.2.3　一切 AI 化

从移动互联网到数字化阶段，一方面是在线人数的规模化，另一方面是数字工具和平台的在线化。上云为后续的数据集成化处理和挖掘提供了可能。今天我们提到 AI 技术时，最常听到的词就是"大模型"，它已成为现阶段 AI 技术的代名词。

在算法推荐阶段，曾有一个特殊职业——人工数据标注员，被称为"隐藏在人工智能背后的耕耘者"。如今，基于规模化的数据海洋、成熟的数据挖掘流程、经过验证的模型框架和海量算力，结合巨大的资金投入，AI 就像是火星引燃了堆积的可燃物，成为推动一切变革的重要力量。

一切 AI 化，是顺势而为的自然发展。

1.2.4 数据海洋中的新大脑

大数据由无数个终端汇集而成。理想的网络状态是去中心化的，但现实中受限于硬件设备的部署与实施，我们所处的网络结构呈现金字塔形态，各个云服务提供商和大型企业部署的服务集群成为大终端，也是网络中的重要节点。通过这些节点，数据可以延伸到更小的终端，比如云服务商支持的企业组织和数字工具等。

这一结构有助于我们更好地理解大数据的层次结构，也让我们能够更直观地感知 AI 技术带来的影响。

在过去，要实现数据的挖掘和分析，往往需要大量的人力和时间。像 IBM SPSS 这样的数据统计软件曾是行业中的佼佼者。而在更早的时期，科技公司推出的商业智能（BI）方案也旨在挖掘数据的内在价值，实现精细化运营和可视化展示。

但无论是通过专业软件工具还是依赖工程师，处理海量数据的效率都很有限。例如，短视频平台每天面临的庞大内容审核工作，即使是头部的大平台拥有强大的技术力量和团队，也难以做到完全准确地识别有害内容。而规模稍小的内容平台，在技术"误伤"时往往依赖用户自己的反馈来辅助审核工作，甚至有部分内容平台为了支持头部博主，会通过白名单的方式避免误操作。

然而，AI 的出现能够有效解决这一问题。相比于人工审核或其他技术方案，AI 在效率上具有明显优势。

当 AI 被各个终端部署时，它便替代了人力与专业的数字工具，成为新的"大脑"，在数据运营中展现出强大的能力与效率。OpenAI 开源其 GPT 模型后，大模型成为接入产品的"大脑"，为用户提供了更快速的内容生成服务，用户通过简单的操作就能获得想要的内容，这展现了 AI 技术的强大。

1.2.5 去中心化的终结

凯文·凯利在其著作《失控》中曾讨论过互联网发展的方向，是朝着中心控制发展，还是走向去中心化。以比特币为代表的数字货币技术及其衍生出的区块链技术证明了去中心化网络的可行性，引发了人们对早期互联网乌托邦梦想的重新讨论。

　　然而，今天我们发现，由于硬件条件的限制，互联网仍然呈现中心化的结构。世界互联网分为若干个中心，这些中心之间并非完全互通，也难以实现无阻碍的融合。这种现状是由多种客观因素造成的。

　　那么在 AI 时代，互联网这一现状是否会被打破呢？显然，对于这种"被塞进网线中"的连接，AI 将极大提升各个中心的控制能力。正如我们前面所提到的，在大模型开源或开放接口后，大量个人或企业接入大模型产品，通过提升技术能力来增强其自身效率。服务于群体或企业的大模型，也就成了网络中的"大脑"，成为明显的中心点。

　　通过大量数据训练出来的大模型技术，天生对数据具有强烈"渴望"。基于特定数据，我们可以对大模型进行常说的"微调"操作，每一次微调都意味着我们在提升大模型的准确性。

　　因此，效率驱动的 AI 技术，某种程度上也证明了中心控制理论的成立。

1.3　不可逆的 AI 趋势

　　OpenAI 推出的文本生成视频模型 Sora 一经发布，立即引起了技术圈，尤其是人工智能从业者的广泛关注。与普通人惊叹于 Sora 的强大能力不同，技术圈的人更为关心的是 Sora 是否代表了通向 AGI 的正确方向。AGI 这一 AI 技术的终极设想，第一次如此接近我们，甚至我们可能正走在实现它的道路上。

　　在英伟达最新的发布会上，除了推出更强大的 GPU 外，搭载英伟达芯片的迪士尼机器人 Orange 和 Green 也正式亮相。从对话聊天到文本生成图像、生成视频，再到人形机器人的出现，AI 几乎已成为我们周围最频繁提到的词语。如果你关注财经新闻，会不自觉地发现，"AI+"成了各行业未来发展的核心设想。

　　"AI+"已经成为趋势，正如我们如今难以想象没有网络和智能手机的生活场景一样，我们应当意识到，当我们对某项技术场景感到熟悉，认为它理所当然地存在时，我们与它之间就形成了伴生的、难以分割的关系。

1.3.1　数字工具的智能化现状

　　数字工具是对大模型技术反应最快的领域，这很好理解，AI 本质上是一种高效工具，与数字工具的属性天然契合。无论是图文生成还是翻译效率等，在数字工具领域，AIGC 技术几乎能天然为其提供支持。

　　例如，在艺术设计领域，Adobe 旗下的矢量设计软件 Illustrator 和位图设计软件 Photoshop 已经接入 AIGC 技术，在用户设计时提供辅助支持，如生成插画、修图等。

微软几乎在所有面向 C 端的产品中都提供了 AIGC 服务。例如，Copilot 被誉为新一代操作系统级别的智能大脑。可以说，在推动智能化的过程中，微软始终不遗余力。

知名的文档协作平台 Notion 是最早接入 GPT-3.5 大模型的协同平台之一，而腾讯文档也在内测 AIGC 功能。

生成式人工智能的身影几乎出现在所有数字工具中。无论你是从事艺术设计、撰写工作，还是需要撰写项目方案，你都会发现平台提供了相应的生成式功能。并且，随着使用频率的增加，你会发现这些 AIGC 工具变得越来越智能。

严格来说，如果现在的数字工具还没有接入 AIGC 服务，那它已经很难算作一款合格的数字工具。"AI+"工具，成为大模型技术应用的最早也是普及度最高的场景。

1.3.2　App 正成为 AI App

具备 AI 功能或能力，已经成为 App 的入门标准。当下，任何新出现或正在迭代的 App，都会将 AIGC 技术作为标配。因此，我们可以称今天为 AI 时代或 AIGC 时代。

当 AIGC 技术被广泛认可及应用，服务于我们的日常生活时，它将极大提升我们的工作效率。由此，AIGC 技术的普及和发展被进一步推动。

无论是基于 GPT 大模型技术开发的 GPTs，还是通过大模型产品的 API 将大模型服务接入应用中，都标志着 App 进入 " AI+" 时代。我们喜欢用智能概括当前的一切，但具体到应用本身，AI 或 AIGC 技术与 App 之间仍然是彼此独立的，并未完全融合。因此，许多 App 开发者正在积极接入 AI 或 AIGC 技术，以提升用户体验。

"AI App" 这一概念不仅代表着应用功能和体验，还代表着一种新的模式。这种模式将长期存在，除非有一天 AI 真正实现万能，即 AGI 进入我们的生活。那时，AI 即应用，一切为一，万物一体，MaaS 模式将顺应趋势走进我们的视野。

1.3.3　新的中间层 MaaS

对于任何新兴技术，我们在评估其价值和影响时，通常关注它是否成熟到能够标准化普及，即能否被标准化部署。在移动互联网阶段，无代码和低代码平台的兴起值得关注，或许这也能为 AI 时代的技术发展模式提供很好的借鉴。

　　无代码平台解决了中小企业和个人在互联网渠道建设品牌的需求。尤其是自媒体崛起后,许多个体通过自媒体聚集了粉丝,需求爆发,促进了相关平台工具的发展。这些平台工具可以通过简单的设置进行使用,广泛应用于内容电商、私域电商、获客营销等领域。随着短视频和直播成为趋势,这些平台纷纷推出了OBS 功能,即通过推流将一个平台或工具的内容直播到多个平台。

　　对于个体和小微企业来说,因规模较小,功能需求相对单一,云服务模式通常分为 SaaS、PaaS 和 IaaS 三种形式。但对于稍大规模的企业来说,功能需求则更为复杂,需要相应的复杂服务。这时低代码平台应运而生。它使得具备一定研发能力但资金有限的企业能够以较低的门槛快速研发出相对复杂及多样的数字工具,支持企业运营,并通过接入其他数字平台,形成一站式数字化运营体系。

　　由此可见,技术在不同发展阶段,围绕环境、需求和技术特征不断变化,以适应市场需要。

　　无论是 GPTs 还是 AI App,都不能称为成熟的商业模式,尤其是在面向 B 端需求时。C 端与 B 端的最大不同在于,B 端对效率和稳定性的要求更高。大模型技术的发展证明了其技术能力,因而 MaaS(大模型即服务)的出现是必然的。

　　MaaS 与云服务模式的不同在于,MaaS 可以在 Web 端或移动端操作,并能通过简单指令或源文本、文件等满足需求,如图 1-7 所示。

图 1-7　MaaS 服务模式

　　MaaS,在 AIGC 技术逐渐成熟的背景下,成为一条可行的变现路径。然而,正如前面所述,在经历了移动互联网阶段后,无论是个人还是企业,都可以在各个细分领域寻找适合的数字平台或工具。因此,在确保资源有效利用的前提下,最佳路径仍然是基于数字工具或平台,实现 AIGC 技术的接入与打通,以提升效率和用户体验为最终目标。

1.3.4 从 AI PC 到 AI OS

"AI PC"这一概念是 2024 年新出现的术语，主要描述了端侧 AI 的一种应用场景——将大模型与 PC 硬件设备结合，利用其算力实现大模型的部署，从而提升 PC 设备的创作效率。PC 之所以成为大模型在终端部署的首选设备，是因为它仍然是人们工作和创作中最重要的终端设备，没有之一。随着芯片技术的发展，便携的 PC 设备逐渐成为办公工具主流，这些设备兼顾了移动场景，并具备了移动设备难以比拟的优势，无论是在性能还是应用生态方面。直到今天，高性能软件的承载平台依然是 PC。

当然，AI Phone（AI 手机）在 2024 年开始逐步问世。新发布的 VIVO 和三星手机都强调了其 AI 能力。然而，AI Phone 与 AI PC 在实际创作中的能力仍存在巨大的差距，这一点是显而易见的。

在 Windows 开创的信息化时代，以及移动操作系统推动的移动互联网时代，底层操作系统的价值和作用几乎奠定了这两个阶段的基础。因此，AI OS（AI 操作系统）的出现，是技术发展的必然趋势。

1.3.5 AI Phone：重新定义智能手机

当你用手机拍摄了一张照片，对其中某个部分不满意并希望将其去除或隐藏时，过去你可能需要借助专业的设计软件，如 Photoshop，通过抠图或图章工具来实现。而在 AI Phone 中，只需借助 AI 功能，便可快速完成这一操作，如图 1-8 ～图 1-10 所示。

图 1-8 一张刚拍摄的照片

图 1-9 通过 AI 功能进行修复

图 1-10 修复完成后的图片

上面所展示的三张图片中，图 1-8 为拍摄原图，我们能看到有一个文字输入框影响了画面，即便使用专业软件也难以有效地将其去除。而通过手机中的 AI

功能，我们发现很快就可以实现这个目标，从最终修复图（图 1-10）来看，几乎看不出任何修改痕迹。

当然，这仅仅是 AI Phone 众多实用功能之一。在通话场景中，AI Phone 提供即时翻译功能，甚至在现实交流中能够实现同声传译。凭借强大的语言解析能力，AI Phone 让我们日常最常使用的设备——智能手机——焕发出新的生命力。用户几乎随时随地携带的智能手机，通过 AI 技术被重新定义，并被赋予了更加全面的功能。

AI 技术还在内容创作领域展现出强大优势。尽管智能手机受限于屏幕尺寸，在内容创作方面难以媲美平板电脑或 PC 等设备，但借助 AIGC 技术，这些限制正逐步被突破。如今，通过 AI Phone，我们可以轻松完成撰写和编辑任务。

端侧 AI 赋予硬件设备以新的角色，让不同终端设备实现了真正意义上的协同。AIGC 技术帮助用户通过简单的操作和指令，快速生成内容，而无须依赖烦琐复杂的操作流程。这不仅提升了创作效率，还为用户带来了更高的体验价值。

1.4　科技巨头的"野望"

无人不提 AI。对于头部科技公司而言，AI 已经成为不可忽视的竞争领域。即便苹果公司在移动时代凭借软、硬件两张王牌占据市场，在面对大模型崛起时，也选择放弃电动汽车赛道，全力投入 AI 技术研发，并吸引了大量人才。

对于前沿技术的发展来说，关注当前正在发生的技术变革固然重要，但更为关键的是要关注推动这些变革的组织，包括其远景规划与布局，尤其是面向未来的需求。

英伟达的市值已突破三万亿美元，得益于 GPU 在深度学习领域的关键作用，基于 AlexNet 的视觉识别训练在准确率上取得了突破，开启了英伟达主导 AI 时代的序幕。在由 OpenAI 推动的大模型时代中，英伟达的 GPU 已成为现阶段人工智能算力的基础，任何科技公司要发展大模型技术，都离不开英伟达的芯片。在通向 AGI 的道路上，英伟达仍未出现有力的竞争者。与此同时，在大模型的起步阶段，英伟达已经在具身 AI、端侧 AI 等多个领域展开了布局，这一点在它投资的公司 Figure AI 身上体现得尤为明显。其投资者阵容中几乎包括了人工智能领域的所有巨头公司，包括 OpenAI。2024 年度 AI 大会 GTC 上，英伟达发布了全球首个人形机器人——一款基础模型 Project GROOT 驱动的机器人。

如今，几乎所有与科技巨头相关的新闻都与 AI 密切相关。作为人工智能领域的先行者，谷歌曾一度被视为不可撼动的"霸主"，直到 OpenAI 崛起。但是从技术储备、投资版图、普及规模等多个维度来看，微软已经成为最终的赢家。某种程度上说，我们所看到的所有与 AI 相关的新闻和新技术，几乎都与微软紧密相连。我们可以得出结论，OpenAI 开启了人工智能的新时代，而在这个新时代里，微软才是掌握底牌的巨头，成为当前的胜利者。至少在通往 AGI 的路上，微软已经占据了绝对领先的地位，并保持着显著的优势。

1.4.1　微软的智能时代

任何新技术，只有实现最大规模的普及，才能算得上成功，而背后的推动者会因此成为最后的赢家，这一点在移动互联网时代尤为明显。微信成为腾讯在移动互联网时代里的一张"船票"，虽然在早期"米聊"才是先行者，但腾讯依托 QQ 庞大的用户群体，形成了后发优势，推动微信成为最终的赢家，并牢牢占据移动互联网时代的流量阵地。不但在支付、短视频、游戏、内容、轻应用分发等领域微信稳占领先地位，而且在数字平台竞争中，腾讯视频、腾讯文档、企业微信等一系列"杀手级"应用也依赖微信强大的影响力，快速传播并实现了普及，最终赢得了市场。

与之相似，在人工智能时代，微软凭借敏锐的嗅觉，在 ChatGPT 爆火之际，迅速将其产品全面接入 GPT 大模型，包括核心的 Office 产品线，并推出了操作系统级别的 AI 产品——Copilot。软件生态方面，微软已经成为唯一一家在所有核心产品中全面实现 AI 配置的科技公司。在具身 AI 领域，目前最受关注的公司 Figure AI 也与微软有着紧密联系。而随着端侧 AI 成为新的趋势，无论是 AI PC 还是 AI Phone，微软都在利用 AIGC 技术，依托其软件和硬件生态，像移动互联网时代的苹果公司一样，成为占据行业高地的科技公司。

1.4.2　大模型的先行者 OpenAI

如果我们拆解目前主流人工智能公司的结构，不难发现这些公司的核心团队中，谷歌出身的人才占了相当大的比例。严格来说，谷歌为现今的人工智能公司输送了大量人才。在人工智能的发展历程中，谷歌的贡献不容忽视。事实上，OpenAI 正是在谷歌研究成果的基础上实现了突破，推出了划时代的大模型产品 ChatGPT，并基于此引领我们见证了通向 AGI 的可能方案——Sora，从而推动了多模态技术的全面发展。

虽然在这场大模型竞争中 OpenAI 已成为领先者，但在端侧 AI 领域，谷歌的价值与意义仍然不容忽视。正如前面所提及的，微软在 AI PC 领域表现卓越，而在 AI Phone 领域，谷歌依托其深厚积累，未来或有机会迎头赶上。

　　从大模型被验证到本书撰写时，时间跨度并不长，但围绕人工智能的行业格局已然清晰：英伟达作为算力提供商，为几乎所有人工智能领域的公司提供了基础支持；OpenAI 是技术创新的先锋，而微软则扮演了生态建设者的角色。

　　Sora 是这一轮大模型技术竞争中的关键点。社交媒体上关于其能力的视频内容，引发了大众对生成式人工智能强大能力的赞叹。Sora 的真正意义在于，它让人工智能在复杂数字场景中的应用具备了现实可能性。更有权威媒体将 Sora 的出现视为数字创作进入可行性阶段的重要里程碑。Meta（原 Facebook）曾转向元宇宙战略，而元宇宙可以被看作数字世界的一种形态。在 Sora 身上，我们看到了为复杂数字化时代提供解决方案的可能性。

1.4.3　决胜 AIGC

　　自从 GPT 大模型被验证成功以来，Web 端因其简单易用且不受平台和系统限制，成为用户体验大模型平台的最佳方式。在网络良好、设备屏幕较大的情况下，这种形式能提供最佳体验。然而，它并未解决随时随地连接的场景问题。在移动化已成常态的当下，用户需要一种不受设备、场景、屏幕限制的方式，能够随时通过 AI 技术完成对话、创作等任务。以 AI PC 为代表的端侧 AI 应运而生。

　　端侧 AI 不仅让用户能够直接在终端设备上体验 AIGC 技术的高效性，更重要的是，它通过将大模型部署在终端设备上，充分利用了终端的算力，同时大幅降低了大模型提供商的能源压力。"算力的尽头是能源"已成为行业共识，而端侧 AI 正是缓解这一问题的重要路径。

　　在 AI PC 之后，AI Phone 成为广泛部署的另一种终端设备。这类终端设备的共性是具备强大的算力性能。传统的集成式方式已难以满足人们对 AIGC 体验的巨大需求，将大模型部署至终端设备成为分解压力的有效解决方案。

　　另一个更具独特意义的方向是具身 AI。虽然机器人在制造业中已经普及，特别是在手机制造、汽车制造等先进制造领域，我们总能看到机器人的身影，并由此创造了一系列新的名词，如无人工厂、全天候工厂等。但是在民用领域，机器人尚未普及。原因在于其先进材料制造的"躯壳"中没有装载理解人类现实生活的"灵魂"。对此，AIGC 技术则成为新的解决方案，因此当大模型被验证成功之后，具身 AI 随即成为科技巨头关注的领域。

　　综上，AIGC 技术的广泛应用场景及其深远意义显而易见，可以将 AIGC 技术视为一次为硬件"注入灵魂"的升级。随着大模型技术的发展，包括其底层框架的迭代和多模态方案的探索，数字世界对现实世界的理解将愈加精准。AIGC 技术因此能够成为智能汽车、智能手机、PC 乃至机器人这些"躯壳"中的"灵魂"。从这个视角看，或许可以理解为何苹果公司调整其电动汽车战略，转而深耕人工智能领域。

1.5 从个体到组织：AI 决定效率

自互联网诞生以来，从用户视角看，它极大提升了生活便利性；从社会变革角度看，它构建了人类史上最大规模的协同体系。生产力工具的先进性直接决定了协同效率，而超大规模的协同网络也为进化提供了必要条件。互联网和移动互联网的阶段性发展证明，只有通过大规模协同才能汇聚海量数据，形成复杂的数据结构，最终促成复杂数字平台和工具的出现。

人工智能被视为数字网络的终极形态。在基础条件具备时，它能实现自我迭代和进化，并精准满足用户需求。而当智能突破技术范畴时，它本身就成为平台乃至系统。以 AI Phone 为例，当智能技术足够成熟时，所有传统 App 可能都将失去存在的意义，因为 AI 能够直接满足人们的一切需求。

综上所述，我们能够理解当下的 AIGC 技术对于个体与组织的真正意义，即通过 AIGC 技术，个体的生产力将获得前所未有的增强。对于个体而言，智能赋能的硬件设备使人们能够完成传统上需要团队协作才能完成的任务，同时模糊了能力边界。在 AIGC 支持下，用户执行许多任务不需要专业知识储备，只需明确表达智能指令，即可通过 AI 生成。对于企业组织而言，AIGC 技术更是一次效率革命。企业级数字平台的逻辑不同于个体使用的工具，它不仅是工具（提升效率），还是协同平台（扩大规模）。AIGC 技术带来的集成能力，让管理者能够轻松汇总和解读企业数据，而不需要复杂操作和专业术语。企业级别的数字平台往往具有集成的特点，AIGC 技术对集成式的数字平台所产生的效率变革是非常惊人的。尤其对于企业管理者而言，企业数据的汇总和解读是一目了然的，无须再通过复杂的操作与专业的术语来实现数据的可视化及分析。

因此，无论是个人还是企业，谁掌握了 AI 技术，谁就掌握了当下最为强大的效率工具。无论是个人、企业还是政府组织，AI 的意义都无法忽视。它不仅提升了效率，还蕴含巨大的商业价值。因此，掌握 AI 技术的个人或组织，便掌握了当下最强大的生产力工具。

1.6 大模型的多模态竞赛

事实上，头部科技公司与人工智能企业推出的大模型数量众多。OpenAI 发布的 GPT 大模型已被广泛熟知，Meta 的 LLaMA 模型同样非常著名，再加上

LaMDA、Gemini，以及基于 MoE 架构的 JetMoE 模型等，我们可以看到，大模型领域正处于激烈竞争之中。而这一竞赛的终点是 AGI，即哪家公司的大模型能够被证明是通往 AGI 的最佳方案，届时这场关于大模型的竞赛才会尘埃落定。

Sora 的问世是一个重要的拐点。不同类型数据的融合一直是大模型技术实现的方向，而动态数字内容及复杂数字世界的生成才是未来的重要发展方向。理解并模拟现实世界是智能发展的终极目标。

2024 年 4 月，谷歌升级了 Transformer 架构，并在多模型融合等技术领域展开探索。可以说，如今几乎所有科技公司都已投身于大模型竞赛中，这场技术发展浪潮关乎每一家企业的未来，甚至生死存亡。

任何大模型的部署都需要巨额资金支持，而 JetMoE 之所以备受关注，是因为它在性能上媲美 LLaMA 2，但部署成本却大大降低了。

这场竞赛中，无论是科技公司、学术机构，还是政府组织，都不遗余力地推动大模型研发与应用，恰恰反映出生成式人工智能的重大意义与巨大价值。从个体日常使用的软件工具来看，自 2024 年起，几乎所有软件都已融合 AIGC 技术，无论是正在迭代还是已完成升级的软件工具。AIGC 对普通人来说已成为日常生活的一部分。同年，OpenAI 降低了 ChatGPT 的使用门槛，不再要求用户注册即可使用。这一举措使网络平台普遍达成共识：ChatGPT 将成为互联网的基础设施，而 AIGC 正式进入普通人的视野，成为生活与工作中的核心工具。

Sora 的出现标志着生成式人工智能的重要转折点，也极有可能成为 AI 技术发展史上的里程碑。它不仅象征着 AI 构建复杂世界的能力，还代表 AIGC 技术发展至巅峰的节点。正如前面所述，Sora 模型是否能成为通向 AGI 的正确方案，一旦得到验证，人类社会的进程就将被彻底改写，从经济、医学到文化等各个领域都会经历全面的重构。

当 AI 具备构建复杂世界的能力时，也意味着"一切皆可生成"的时代正在到来。无论是个体还是组织，都将首次掌握全能型生产工具。

1.7 从单一行业到多行业的影响

根据央视新闻，截至 2023 年 12 月，我国网民规模已达到 10.92 亿人，互联网普及率达到 77.5%（见图 1-11）。如果考虑到特殊群体，可以说我国已全面进入全社会联网阶段。互联网已像水电一样，成为社会的基础设施，是我们无法割舍的基本生活条件。

> 我国网民规模达10.92亿人 互联网普及率达77.5%
>
> 来源: 央视新闻 | 2024年03月22日 14:46:49

图 1-11　关于我国网民规模的报道

如此庞大的在线规模表明，现实与网络在我们的生活中同等重要。这种双重场景的存在，使我们日常接触的行业场景同时涵盖线上与线下。从线下到线上，再到如今的融合，这不仅是场景的变化，更重塑了传统商业模式与环境。于是，一切都在被重构，或正在重构之中。

当消费、娱乐、产业等领域高度依赖数字化网络时，AI 带来的效率提升将带来巨大的冲击。以企业场景为例：当 A 企业转型为数字企业后，其运行模块极为依赖数字工具的效率。正如前面提到的，集成化平台进入智能化阶段后，其效率提升已非简单的"1+1"叠加，而是将多个环节的指令操作整合为一个集成式指令。例如，A 企业通过 AI 技术支持，可实现规模化的客户服务，包括资讯推送、产品信息传递等全流程的一键完成。

这种场景已不再是个例。尽管不同行业存在差异，但在组织功能上有许多相似之处。这种一致化并非想象，而是正在发生的现实。

我们曾提到，AIGC 技术的基础是大模型，而大模型高度依赖规模化数据。在在线化与数字化普及的背景下，AI 技术的发展与数字化浪潮形成了良性循环，尤其是在企业内部，这种效应尤为显著。

1.8　超级个体的智能工具箱

超级个体现象是数字化浪潮的产物。当工具变得更加简单易用，智能终端设备性能不断提升，个体通过简单学习即可完成复杂创作时，超级个体出现的门槛就会大幅降低。

跨平台数字工具的普及，让模板化操作取代了传统的需要时间累积才能掌握的复杂流程，使得部分个体能够完成原本需要团队来完成的任务。低代码、无代码平台的出现，无一不降低了个体搭建工具与平台的门槛。因此，在数字化阶段，难点已不再是技术本身，而是信息普及与认知提升。

智能化阶段是由数字化阶段演进而来的，因此创作、发布、销售与服务等各个环节的数字工具均已成熟，此时，创作与制造环节成为新的差异化重点。目前，几乎所有内容平台，包括直播平台，都推出了相关的数字创作工具。而移动终端设备的性能已完全满足对这些工具的支持，这是一个非常大的跨越。一个完整的场景是：个体通过简单学习即可掌握创作与发布等环节的操作，借助工具集或组合构建高效工作平台即可实现多任务创作。

与此同时，面向个体与企业的数字平台，正成为功能集成的综合体，几乎覆盖运行所需的所有功能。

在 AI 时代，这一切的效率大幅提升，ChatGPT 催生了大量相关的创作案例。这表明在 AI 时代，想象力丰富的人与善于创造的 AI 工具结合，将产生最高效的模式。这对个体与企业均适用。

短视频时代，撰写能力较弱或不善表达的人，其创造力受到抑制，而在 AI 时代，这一状况将大幅改善，创作门槛大幅降低。但与此同时，想象力将变得更加珍贵。超级个体现象在 AI 时代将涌现出更多案例，并逐渐成为常态。

成为 AIGC 项目经理

专业的项目管理者或与项目管理工作相关的人群，软件工具或工具集是其效率的重要载体，甚至在一定程度上直接决定了效率的高低。当下，AIGC 技术的发展为软件工具的效率带来了巨大的飞跃。

随着 AIGC 技术逐渐成为提升项目管理效率的关键工具，传统项目经理的角色认知也可能发生巨大变化。最显著的改变在于，随着技术门槛的降低，项目经理这一职业的壁垒正在被逐步被打破。

2.1　项目经理的过去与现在

项目经理正朝着全能型方向发展，这一趋势的背后驱动力是数字工具效率的不断提升。数字工具带来的效率变革，使得项目经理作为独立个体时，能够掌控项目的全过程，并通过简单学习就能深入参与项目执行。这一变化直接推动了项目经理职业发展的转折。智能化的发展显著促进了这一转变。作为一个高度依赖效率的职业，项目经理对移动化、数字化和智能化所带来的协同、可视化、自动化体验具有突出的感受。这使得项目经理在岗位上的体验与其他职业形成显著差异。特别是在当前的 AIGC 技术阶段，其他职业可能仅感受到局部变化，唯有项目经理这种全能型职业，才能够依托智能化的集成化工具，实现工作效率的极致提升。

2.1.1　项目经理的能力图谱

不同行业的业务发展需求不同，存在功能或职能不同的项目经理岗位，既包括长期性工作，也涉及临时性工作。本书的讨论对象主要是长期性的项目经理岗位及其角色。

一个优秀的项目经理需要掌握多方面的技能，与其他岗位相比，这一岗位几乎需要具备完成整个项目所需的全部技能或相关专业知识。在日常工作中，项目经理还可能面临突发情况，此时一些出色的项目经理甚至能够通过实际的技能操作来解决问题。因此，评估一位项目经理是否优秀，核心在于他是否能够轻松驾驭项目的策划、发起、执行等各个环节，并能够应对突发情况，直接或间接协调资源加以解决。我们可以简单地用一张传统项目经理的能力图谱来熟悉与了解这个岗位所需要具备的职业能力，如图 2-1 所示。

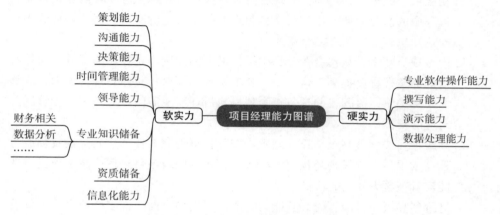

图 2-1　传统项目经理的能力图谱

作为项目经理，所需的能力不仅包括计划、执行项目的能力，还涉及对突发事件的应变能力。例如，在项目执行过程中，能对数据进行处理与分析，以及具备一定的专业知识储备，能对团队工作质量进行专业的识别与考量等。

其实，一个独立的项目或者业务，从小来说可能是一个临时性任务，往大来说则等于创建一个组织体系。"麻雀虽小，五脏俱全。"任何一个项目，为了确保其成功，其内部体系的完善性和外部协同的高效性，始终是衡量项目经理综合能力的核心标准。这种综合能力，也成为项目经理这一岗位与其他岗位最显著的区别。因此，我们可以看到，在任何组织体系中，在选拔或任用项目经理时，往往更注重对其综合能力的全面评估。

2.1.2 传统项目经理的类型

1. 项目经理的能力分层

一个成熟的项目经理在完成项目时，所需要思考的因素与具备的能力非常之多，显然并非所有项目经理都能全面掌握项目管理与细节实操的能力。虽然在完成项目的过程中，全能型项目经理对于项目的把控更强，但全能型项目经理是稀少的，具备创造能力的全能型项目经理更是凤毛麟角。我们可以根据项目经理能够完成的内容，简单地将项目经理划分为如下几个层次：

❑ 助理项目经理：主要是为其他项目经理岗位提供辅助性支持，并从事最为具体的工作内容。达到这一层次的门槛除了专业、学历以外，还包括掌握常用软件技能。

❑ 初级项目经理：助理项目经理晋升到初级项目经理，意味着能够负责完整流程中的部分业务。这一层次最为重要的要求是对所在公司的业务认知及专业知识储备达到一定程度。

❑ 中级项目经理：从初级晋升到中级，最大的改变不是技能的提升，而是对全局的掌握程度提高。这个层次要求初步掌握项目整体管理的能力，能够非常熟悉协同流程，并具备每个项目执行环节所需的专业知识，能够配置对应的资源。

❑ 高级项目经理：高级项目经理不再按部就班地完成任务，而是富有创造力地完成项目，并呈现超预期的结果。相较于中级项目经理，高级项目经理能够管理更为复杂的项目。

当进阶到高级项目经理时，其能力需要变得更加全面。许多企业会将具备较高管理水平的项目经理提拔为企业管理人员。在专业领域，根据不同特点，成熟的项目经理可分为创意型和实战型两类。创意型项目经理擅长创新与开拓，通常在企业初创阶段是备受追捧的人才；而实战型项目经理则更注重执行，能够将企业或组织内部达成共识的方案高效落地，甚至接近完美。当企业发展到一定规模后，除非出现重大的创新需求，创意型项目经理的发挥空间相对有限，此时往往是实战型项目经理走向舞台中央。

无论是创意型还是实战型项目经理，对于过程都有一定的追求，尤其体现在对各个环节的深刻掌控上。例如，在项目的早期策划阶段，如何与团队保持高效协同至关重要，尤其对于规模较大的企业来说，异地协同通常是一大难点，这对项目经理的沟通与协作能力提出了极高要求，而高效的工具则成为实现这一目标的关键。

2. 项目经理的工具操作能力要求

在项目推进过程中，通常可以分为两条主线：**人的线**和**事情的线**。人的线指的是项目成员各自负责一部分内容，共同构成一个完整的项目。这条线具有很大的动态性，随着人员变化而调整。事情的线则是指将整个项目按照工作内容划分为若干阶段，协调相关人员来完成。这条线相对静态，较为稳定。

因此，对于项目经理这一需要掌控全局的角色而言，最大限度地排除可能引发变化的因素，是确保项目成功的关键。正因如此，一些优秀的项目经理会在关键环节主动介入，以其专业能力确保重要节点的顺利推进。然而，要做到这一点，项目经理往往需要借助多种工具来辅助自己，分析和管理各环节的进展。

在信息化、网络化的背景下，工具的使用逐渐成为许多职业的入门门槛。这不单是因为高效完成工作需要依赖工具，更重要的是，使用工具的过程中也在积累和沉淀该领域的经验。随着数字化的发展，除了日常的行为和数据被存储到云端，我们的职业习惯和经验也随之"上云"。这种情况下，独立部署的软件工具越来越少，而具备跨端等协同功能的软件则成了主流。工具的使用已成为职业能力的重要组成部分。使用者在充分利用工具功能的同时，工具本身也成为使用者能力的一部分。

在许多领域中，软件工具的重要性越发凸显，甚至成为关键因素。原因在于，虽然经验可以通过时间和试错来积累，但在一些高度标准化的行业中，这种积累的空间有限。将时间轴拉长，对工具或工具集的操作能力往往决定了职业发展的上限。项目经理也不例外，数据规模越大，这种依赖性越明显。

与此同时，软件工具集成化的趋势一直是主流，大量专业工具向平台化发展，即将相同或相关的功能模块集成到同一个工具中。

在标准化程度较高的行业里，我们可以观察到，除了少数具备创新能力的群体，大多数人对工具的依赖性非常高，产出和效率均离不开软件工具的支持。项目经理在项目管理过程中的表现和职业发展，也往往与对工具的掌握程度密切相关。

2.1.3　项目经理的升级路径

根据前述内容，我们已经了解了软件工具对项目经理的重要性，这也正是为何需要特别强调 AIGC 技术的意义与价值。在集成化与平台化趋势的推动下，数字工具的智能化进一步提升了项目经理的效率和工作质量。

依托于平台化和集成化的主流趋势，部署在云端的数字工具智能获得了不断迭代与升级的土壤。我们都知道，大数据是大模型发展的关键养料。因此，相较于 AIGC 在面向 C 端的应用场景，它在数字工具端，尤其是 B 端的价值更为显著。

回到项目经理这一岗位，笔者在前面提到，项目的策划与执行过程中通常涉及众多软件工具。而对于项目经理而言，如果能够在集成度高的数字平台上高效完成工作需求，那么效率提升是显而易见的。此时，专业且能够显著提升效率的数字工具或平台，已成为项目经理职业进阶的重要路径。

随着时间的累积，从业者在任何行业与领域的专业知识储备差距都会逐渐缩小。毕竟，具有创造性或开创性的项目在任何企业或组织中都是少数，更多是围绕日常工作展开的优化与升级。在这样的背景下，项目经理在关键环节的掌控力，以及在多个领域的专业能力，成为其职业能力的核心指标——尤其是在项目执行结果的判断与决策上。

智能化无疑是这一升级的关键钥匙。可以说，项目经理群体对智能化的需求远高于许多其他职业群体。尤其是在 AIGC 技术的推动下，智能化正在打破许多职业的进入门槛。对于项目经理而言，当门槛足够低时，他们依托专业知识的积累，能在多个关键环节实现高效掌控，进而在成本、资源配置及技术应用方面实现更大的突破。这种能力的提升，不仅增强了项目执行的可靠性，还为职业发展开辟了新的空间。

2.2　超级工具：全能型项目经理并非想象

在职场中，我们可能都曾有过这样的想法：如果我会这个技术，肯定能让这件事情的结果更好。然而，大多数时候，专业软件操作成为"拦路虎"。随着专业软件逐渐成为工作中不可或缺的助手，它几乎参与了我们的每一个工作环节，与我们朝夕相伴，甚至像智能手机一样深入我们的工作和生活。在这种依赖过程中，专业软件往往成为最了解我们工作习惯的工具。

这也是为什么在许多行业中，个人的知识储备固然重要，但专业软件的使用能力同样至关重要，甚至在某些情况下成为行业的准入门槛。尤其在高精尖领域，随着软硬件融合趋势的加深，软件已成为职业能力中不可或缺的一部分。例如，当下因 AI 技术发展而被推上风口的英伟达，它在人工智能领域的统治力不仅源于强大的 GPU 硬件，还离不开与之高度适配的 CUDA 计算平台，如图 2-2 所示。

我们都知道，人是难以被标准化的，而事情却可以通过流程实现标准化。更为关键的是，随着信息化和数字化的发展，承载这些流程的数字软件已经成为标准化的核心载体。

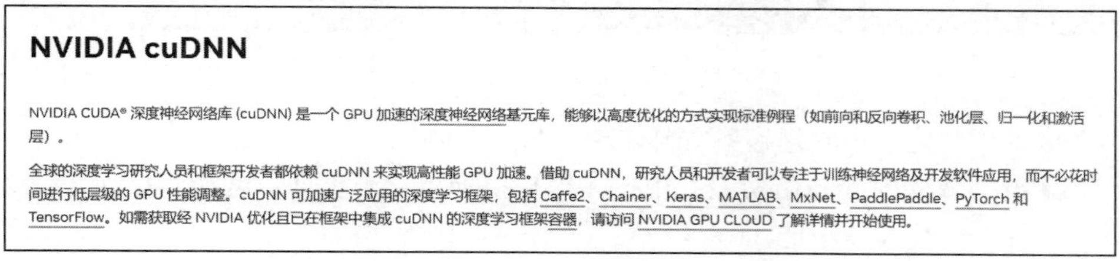

NVIDIA cuDNN

NVIDIA CUDA® 深度神经网络库 (cuDNN) 是一个 GPU 加速的深度神经网络基元库，能够以高度优化的方式实现标准例程（如前向和反向卷积、池化层、归一化和激活层）。

全球的深度学习研究人员和框架开发者都依赖 cuDNN 来实现高性能 GPU 加速。借助 cuDNN，研究人员和开发者可以专注于训练神经网络及开发软件应用，而不必花时间进行低层级的 GPU 性能调整。cuDNN 可加速广泛应用的深度学习框架，包括 Caffe2、Chainer、Keras、MATLAB、MxNet、PaddlePaddle、PyTorch 和 TensorFlow。如需获取经 NVIDIA 优化且已在框架中集成 cuDNN 的深度学习框架容器，请访问 NVIDIA GPU CLOUD 了解详情并开始使用。

图 2-2　CUDA 官方介绍

回到项目经理这一岗位上，在大多数行业中，任何负责具体项目和业务的项目经理，通常都需要掌握至少一款专业软件。而如果综合考虑项目中涉及的多个岗位，那使用的专业软件数量可能会更为庞大。如果这些工具能够根据项目经理的行业背景及其个人经验，实时提供智能化反馈，那么带来的效率提升是显而易见的。

现如今的大模型，其本质是通过大数据训练得来的产物，在某种程度上通过海量数据的训练，赋予技术对现实的理解，并逐步作为现实的一种替代方案。智能化的一个潜在价值往往被忽略：大模型通过海量数据的训练，储备了难以被人力替代的行业知识。从这个角度来看，人工智能不仅是依托于人类经验和习惯所训练出的产品，还是一个强大的知识储备库，能够随时为用户提供专业内容支持。

综上所述，无论是基于云端的大模型，还是本地化部署的大模型，尤其是在专业软件智能化和端侧智能化的趋势下，全能型平台和工具不再只是想象。结合项目经理这一职业，我们可以得出结论：依托于日益成熟的智能化技术，全能型数字工具正在进入我们的视野，并逐步推动优秀项目经理向全能型转变。过去在数字化领域中所讨论的"超级个体"现象，如今在项目管理领域也可以找到对应，即"超级项目经理"将在未来普遍出现。

2.2.1　超级工具的定义

"超级工具"并不是一个新鲜的词汇。过去，我们将那些能够显著提升工作效率的辅助设备或软件工具称为超级工具。在数字化领域快速发展的今天，范围更广、功能更强大的平台化数字工具同样可以被视为超级工具。当前，数字软件正朝着平台化和集成化的方向不断演进，呈现出更高效、更全面的趋势，如图 2-3 所示。

图 2-3　软件集成化示例

这种平台化、集成化趋势主要体现在两个方面：

❑ 单一软件内部调用功能：用户无须切换到第二个软件，就能直接在当前软件中调用其他功能。

❑ 内嵌第三方软件操作：在单一软件的操作界面中，用户可以直接打开第三方软件，并使用其完成相关工作内容。

无论是前者还是后者，都强调一种"无感化"的协同体验，这种体验的核心特征是减少操作的中断和切换。然而，在当前的集成化环境中，用户仍需要完成第三方软件的账号登录，才能实现真正的协同操作。

AIGC 的出现，推动了数字工具的进一步进化。与传统的集成化软件平台相比，AIGC 技术的最大优势在于基本实现了跨软件的无感化协同。我们也可以认为引入 AIGC 技术的超级平台实现了数据的无感化协同，即对于不同工作内容与形式，通过智能技术实现辅助生成或者完全生成。这种创作方式因智能技术的流行而逐渐形成趋势。比如，在撰写文档时，除了纯文字内容外，还常常需要插入表格或模型。过去的做法是先打开第二款软件进行制作，完成后再以文档链接、PDF 文件或图片等格式嵌入到文档中。而在智能化场景下，我们完全可以直接在文档中，通过源数据自动生成所需的内容格式，无须依赖其他软件或手动操作。

在工作中，使用过印象笔记、腾讯文档、Wolai 等类似文档协作软件的人应该知道，这类工具可以用来完成一份完整的方案，并直接演示方案内容。虽然它们可能不像专业的演示文档软件那样提供多样化的呈现与演示形式，但通过细致地编辑与美化，依然能够有效完成演示。我们可以想象，使用笔记类协作文档软件进行演示和介绍，比起传统的演示文档工具更具效率，同时能达到相同的目标。更重要的是，通过 AIGC 技术，这种演示效果和效率的提升将呈倍数级增长，甚至更高。

综上所述，我们可以这样定义"超级工具"：它是能够在同一款软件中完成复杂格式内容或多种题材创作，并具备处理多个领域和工作内容的能力的工具。在智能化时代，能够实现多个领域的数据源调取，处理和整合创作所需内容的工具，也可以被称为超级工具。

2.2.2 超级工具遇见项目经理

项目经理这一岗位的工作效率在很大程度上依赖于工具集的效能，可以说，平台型工具与项目经理之间是"天生一对"。

软件工具正在朝着集成化的方向发展，这一趋势在几乎所有类型的软件中都得到了体现，其背后的动因也非常容易理解。在存量竞争的环境下，那些门槛较低但能够增加用户粘性的软件的服务商，通过多功能或集成化的方式，可以有效延长用户的使用时间，从而带来显著的效益。

以万兴科技旗下的热门工具软件 Boardmix（博思白板）为例。这款团队沟通工具极大地提升了项目协作效率，团队成员可以通过在线方式，将项目进度、具体任务以及遇到问题的细节更加清晰地展示在白板上，便于异地或无法面对面沟通的项目成员实时交流，从而加快项目推进的速度。同时，作为一款功能丰富的工具型软件，Boardmix 还新增了 PPT、思维导图、文档笔记等多种功能。我们可以认为，这些新增功能实际上是为了支持完整的方案演示，以便展示项目团队沟通所需的各类要素。如果将博思白板与某款会议软件结合使用，这些新功能的意义就会尤为明显。通过在线会议软件的投屏功能，团队成员可以展示 Boardmix 白板上的项目方案要素，实现无障碍地项目全场景演示与沟通，如图 2-4 所示。

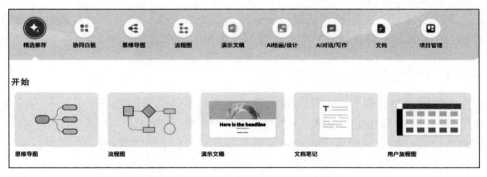

图 2-4 具有集成化特点的博思白板

这一切进一步凸显了 AIGC 技术发展带来的深远意义。在数字工具普遍趋向集成化和功能多样化的背景下，唯有 AIGC 能够有效解决因操作步骤烦琐所带来的复杂化问题。例如，在博思白板的界面中，AIGC 技术已被大量应用，如图 2-5 所示。无论是生成图片、思维导图还是 PPT，AIGC 所展现的强大能力使得在多个功能之间的切换高效流畅，显著超越了传统的人力操作所能达到的效率。更重要的是，这些看似独立的功能可以通过流程化的方式实现无缝衔接。例如，用户可以借助 AIGC 技术辅助完成文案撰写，随后快速生成思维导图，再进一步制作

PPT，而 AI 生成的图片则作为高质量素材。这种全流程的功能协作使得复杂的任务变得简单且高效。

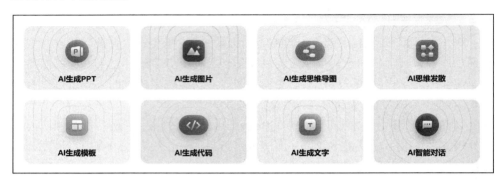

图 2-5　AIGC 技术应用已经非常普遍

值得一提的是文案撰写的能力。在以往对 AI 技术发展的描述中，我们需要具备丰富的想象力。而如今，人类与 AI 连接最直接、最简洁的媒介之一就是文字。这既可以是简单的指令，也可以是更复杂的长文本内容。在中文世界中，撰写能力的价值不仅体现在文字生成的环节，更贯穿于后续的方案展示、PPT 呈现等多个重要环节。

从项目经理的视角来看，超级工具的价值尤为突出，同时能更直观地感受到 AIGC 技术的飞速发展如何为项目经理群体带来前所未有的效率变革。

2.2.3　项目经理的全能表现

全能型项目经理，并非指项目经理个人能够借助高效的数字工具变身为"万能角色"。这里提到的"全能"，严格来说是指技能上的全能，尤其是在工具使用上的全能，而非知识储备上的全能。这是理解"全能型项目经理"定义时至关重要的前提。为了让读者更直观地理解，我们通过一个场景进行说明：

A 公司需要开发一款移动应用，目标用户群体为阅读爱好者，为了进一步论证项目的可行性，公司成立了项目部。作为项目部的一员，你要如何应对这项任务呢？

①首先，借助 AI 工具的辅助，可以很轻松地绘制出组织架构图，如图 2-6 所示。

②然后，通过 AI 工具完成文案的撰写，如图 2-7 所示。

③再通过 AI 工具整合关键内容、丰富细节，最终完成整体项目结构，如图 2-8 所示。

　　④此外，为了保证项目推进的每一个重要环节能够留痕，方便后续复盘，本项目的负责人小 A 在每一步完成时都标注了阶段，如图 2-9 所示。

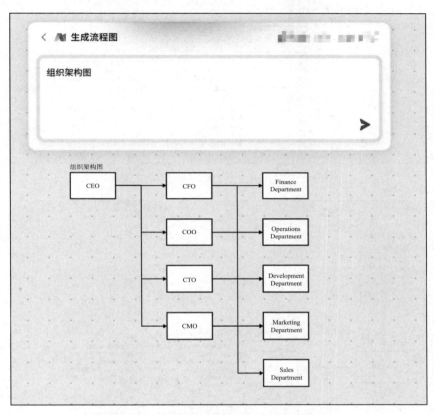

图 2-6　通过 AI 工具辅助完成组织架构图的绘制

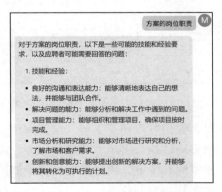

图 2-7　通过 AI 工具辅助完成文案的撰写

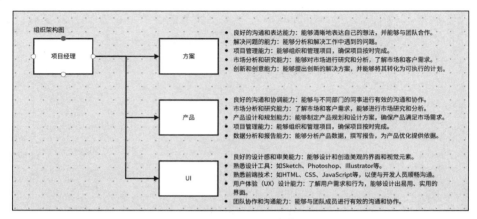

图 2-8　通过 AI 工具辅助完成整体项目结构

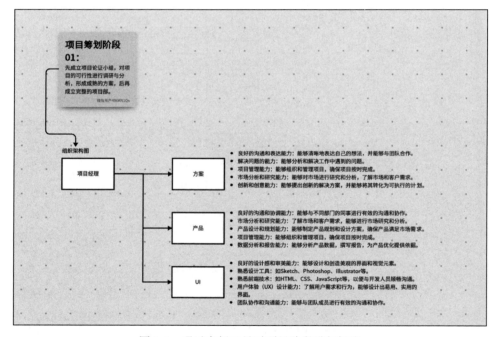

图 2-9　通过白板工具对项目阶段进行标注

　　通过上述简单的场景，我们可以初步了解"全能型项目经理"的定义：在前沿技术的支持下，他们能够高效执行多项专业技术任务，而不完全依赖对应岗位的专业人员。在 AIGC 技术的加持下，项目经理甚至能够胜任一些过去需要深厚专业知识储备才能完成的工作内容与任务。这与传统的工作模式具有显著的区别和突破。

2.3　超级个体：一人即团队

超级个体现象发生在数字化阶段，反映了数字工具带来的效率变革，让个体具备了超越小规模团队的创造能力。通俗来说，过去需要几个人协同完成的事情，现在可以由一个人完成，而且这种能力是可以复制的，因此我们身边具备多样化能力的个体越来越多。

我们以私域店铺运营为例来进一步阐述。得益于数字工具的发展，我们现在可以通过低代码或者无代码平台来搭建运营的店铺，不再需要具备丰富的编程能力或者经验。目前已有众多 SaaS 平台提供非常丰富的功能模块，创建者只需要通过对这些功能模块进行简单的增删操作，就可以完成一个店铺的搭建，然后在内容平台中设置好接入，就可以对外发布运营。

在店铺创建的过程中，即使这个店铺结构非常简单，也免不了要做一些非常具体的工作。比如，为店铺设计一些精美的海报或者轮播图，为产品添加一些描述准确的文案等。过去，这一系列任务往往需要几个人共同完成。运营电商店铺的早期阶段，曾有一些专业的机构或者个人提供这部分服务。如今，在高效的数字工具，尤其是 AIGC 技术的支持下，一个人也可以完成全部的工作内容。从产品图片到宣传文案，内容生产已经变得非常简单，其效果甚至能超过一些专业人士的水平，最为关键的是整体效率得到了巨大的提升。这种变化今天在很多行业与领域均能看到。

每当我们讨论超级个体时，都是在强调数字化阶段一个人替代一个团队的案例。

2.3.1　一目了然的效率对比

从移动化到数字化，再到如今的智能化，尽管呈现的场景各有不同，但其核心始终在于社会效率的提升。在我们提及的种种场景中，无论是万物互联还是产业互联网，都离不开人与人、人与物之间日益紧密的连接。

对于智能设备，多屏协同并非新鲜概念。早在苹果通过 iCloud 构建的生态系统中，跨设备协同就已见雏形。而如今，多屏协同几乎成为所有智能设备厂商的标配。智能汽车的兴起更是为这一生态增添了新的屏幕，进一步丰富了协同场景。

因此，所谓的效率变革并不局限于单项技术的突破，而是围绕场景和行业展开的全方位升级。智能化在此基础上更进一步，逐步迈向真正意义上的自动化。

尽管同一品牌设备矩阵内的协同效率显著提升，但不同品牌设备之间的联动仍有局限性，往往需要借助第三方数字工具来实现数据同步或功能协同。这也让我们意识到，许多数字工具（尤其是移动化场景中脱颖而出的工具）必须同时支持多端，如 Web 端和 PC 端，以满足用户跨设备的使用需求。这种跨端协同能力已成为当下数字工具发展的核心逻辑。那些无法实现多端数据同步或功能协同的工具，将很难抓住新一轮效率变革所带来的发展机遇。

这一点可以从我们常用的工具类软件中得到验证。以笔者撰写本书为例，无论使用 PC 设备还是移动设备，都能轻松调用相关素材，并在任何地点完成内容的调整和优化。甚至在路途中，笔者也可通过手机打开写作软件记录灵感，真正实现随时随地地高效创作。

移动设备早已不是新生事物，但效率变革之所以在今天备受关注，正是因为技术生态的成熟，让我们能够随时随地通过多种设备完成复杂任务。这需要高速网络、高性能设备、跨端数字工具以及数据协同的全面普及作为支撑。

例如，本书中涉及的"真人"图片素材，部分通过端侧 AI 技术实现，充分体现了智能手机厂商当前推动的"AI Phone"的概念。这种智能化技术让我们能够轻松完成图片的编辑与调整，这在过去需要依赖多个专业软件的协同才能完成。而如今，很多任务已变得简单高效，越来越多的事情也正在朝着简化的方向发展。

回顾移动化阶段、数字化阶段到智能化阶段的演进历程，不难发现技术迭代的时间间隔越来越短，令人目不暇接。效率变革的速度如此之快，正在深刻改变我们的生产方式和生活方式。正是这种持续加速的技术进步，为我们创造了前所未有的可能性。

2.3.2　工具全面升级后的效率

笔记类应用可以称得上是这几年发展最快的数字工具之一，尤其是在 2022 年 Roam Research 推出"双向链接"功能之后，笔记类应用迈入了新的发展方向。双向链接的设计理念不仅在笔记应用领域获得了广泛认可，还逐渐渗透到其他领域，成为提升效率和连接性的创新解决方案。

继续以移动应用开发为案例，如图 2-10 所示，双向链接功能在项目管理中的优势十分明显。以本项目为例，需要处理多种内容类型，如项目论证的表格、文档、草图原型等。如果依赖传统方式逐一查找并打开这些文件，则会耗费大量时间。而通过创建白板文件并使其关联的方式，则可以大幅提升沟通和展示效率，如图 2-11 所示。

白板文件除了单向关联之外，还可以反向关联，也就实现了双向链接功能。本项目中，项目负责人创建了一个主看板文件，主要以时间轴的形式展示项目的进度，而在不同的时间段里，只需要关联到对应的白板文件，在演示完成之后再通过白板文件的反向关联，返回到主看板文件之中，切换过程丝滑流畅且简单直观，如图 2-12、图 2-13 所示。

图 2-10　不同文件、不同项目之间可以实现双向链接

图 2-11　将新制作的白板文件关联到主文件

以上几个操作步骤的案例，对于项目管理人员而言，带来的效率提升显而易见。如前所述，通过功能集成或 API 接入，数字工具从单一工具向平台转型，其核心依然是效率变革。我们谈及互联时代人与人、群体与群体之间的协作场景时，其实同样的协同也在设备与设备、软件与软件之间发生。正是在这样的场景里，智能化真正具备发挥空间，并能够及时反映出效率的提升。

数字工具的最大一次升级，或许是伴随着 ChatGPT 热潮之后，大模型产品广泛应用所引发的。之所以强调"最大"，是因为以往数字工具的升级多集中于功能层面，本质上对效率的提升并不显著。这也导致许多人长期使用旧版本工具，因为即使不借助新功能，也能满足基本的创作需求。

回到前述案例，在项目进度看板（一个主看板文件关联的白板文件）中，对于以文档形式呈现的完成内容，我们可以直接利用 AIGC 工具辅助生成，有效降低了创作任务的复杂度，如图 2-14 所示。

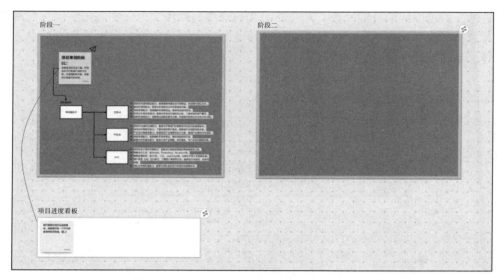

图 2-12　主看板文件内容

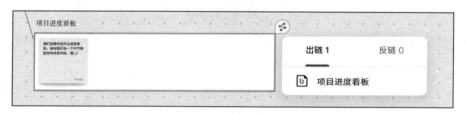

图 2-13　从主看板文件可以随意跳转到关联的白板文件

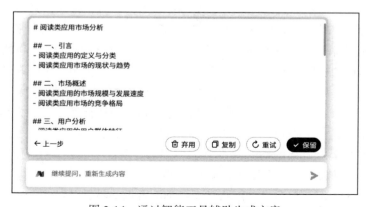

图 2-14　通过智能工具辅助生成方案

当"调研文档"这个模块创建完成之后，将其与主看板及项目进度看板进行关联，即可实现双向链接，如图 2-15、图 2-16 所示。

图 2-15 调研文档与项目进度看板形成关联

图 2-16 调研文档与主看板文件形成关联

通过上述简单的案例场景，可以得出以下结论：

❑ 在整个创作过程中，AIGC 工具能够辅助完成咨询、案例分析以及创作等多种任务。

❑ 创作者需要具备结构化思维，明确智能化技术在各个环节中发挥的关键作用。

❑ 对于复杂事务，如项目管理，AIGC 的价值体现在具体模块中，而非整体层面。

综上所述，对于 AIGC 技术的应用，使用者需要具备整体性视野，尤其是在处理复杂事务时，能够进行结构化拆解，并将智能化技术应用于适当的模块中，这样才能显著提升效率。

AIGC 技术带来的升级，是对数字工具的一次技术革新，而非简单的功能迭代。这对使用者而言有着根本性的区别，直接影响了他们的工作方式和效率。

2.3.3 全能型项目经理的效率

我们已经对全能型项目经理所需要的能力进行了概括，需要注意的是并非所有人都可以通过 AIGC 技术从传统项目经理转向全能型项目经理。前面曾提到，要让智能技术被正确地应用并实现应有的产出价值，使用者必须具备结构性思维能力，特别是在面对复杂事务时，才能最大化发挥智能技术的优势和潜能。

ChatGPT 的走红让人们几乎将所有荣誉都归于其背后的公司 OpenAI，但热潮过后，我们发现关于 GPT 的话题逐渐被新的热点淹没。即使大模型技术继续取得突破，也难以再引发人们的惊叹和关注。例如，后续产品 Sora 问世时，讨论范围已缩减到专业媒体和行业人士中。

这种现象的发生，归因于前沿技术的应用场景和大众认知之间存在巨大的鸿沟。对大多数人而言，能在学习和工作中深度融合 AIGC 技术的场景仍然较少。特别是当 AIGC 产品变得越来越昂贵时，如果产出价值无法超过投入成本，那人们对大模型产品的热情就会自然衰退。

而项目经理正是少数需要深度使用 AIGC 技术的群体之一。上面的案例中，在方案撰写、软件原型设计、PPT 制作等多个方面，如果有 AIGC 技术的支持，那么一个富有创造力的项目经理就能够充分发挥自己的能力。富有创造力的人群，往往受限于工具的使用，而非不具备实现创意的能力。从事项目管理的人普遍有这样的体会：如果自己能够使用专业工具完成某些模块，那么成果会更贴合自己的思考与想象，而非接受妥协后的方案。

正如前面所提到的通过博思白板演示项目管理的案例，我们可以利用一个软件平台（集成了所需的其他软件工具）跟进整个项目过程，涵盖多种不同类型的内容文件。在具体创作过程中，还可以通过 AIGC 工具辅助完成。这种效率的提升，对于项目经理而言无疑能产生极大的诱惑和惊喜，如图 2-17、图 2-18 所示。

图 2-17　博思白板集成其他项目管理所需的软件工具

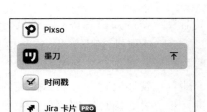

图 2-18　本书案例中所需要的软件工具集

2.4　全能型项目经理的竞争图谱

在软件迭代过程中，通常会发布新增功能的列表，其中列举的都是重要的功能更新。同样，对于因新技术发展而引发的职业变革，我们也可以通过清单或轨迹的方式总结其中的重要变化。

技术进步带来的环境变化，使许多我们熟悉的职业发生了重大调整。有些职业可能不再以独立的形式存在，而是转变为一种通用技能，融入其他职业的技能体系中。

2.4.1　全能型项目经理的能力特征

如今，要全面统计社会上现有的职业形式已非易事。某些职业是在产业发展到一定阶段后，围绕特定分工而逐步定义的。然而，随着虚拟经济特别是互联网的快速发展，衍生出了许多全新的职业。这些职业之所以被定义为"新职业"，是因为其覆盖的人群远远超出了传统产业中某一具体工作内容的从业人数。

职业发展的过程中，也常出现一些有趣的现象。例如，原本属于某个特定行业的职业形式，因优秀企业（尤其是头部企业）的示范作用，被广泛应用于其他行业，从而成为具有跨行业性质的职业类型。项目经理和产品经理便是两个典型的例子。

在实际工作中，项目经理和产品经理的角色常被混淆，它们的职责似乎都围绕某个具体部分或模块展开。事实上，项目经理的职责范围和涉及的形式远比产品经理更广泛。在互联网和快消品行业中，产品经理的岗位已发展出较为固定的角色定义，甚至在组织架构搭建初期就成为必设岗位。而项目经理的岗位特性则更具流动性，人员安排和岗位职责常随项目性质而变化。

大多数情况下，项目经理的职责等级取决于项目的重要性，可能会因项目的规模和需求选择不同层级的人员担任该角色。然而，从事过项目经理或类似岗位的人都深知，这类岗位往往是临时性的。要想高质量完成项目，对项目经理综合能力的要求非常高，尤其需要广博的知识储备、出色的分析与判断能力以及多种跨领域的技能。可以说，能够胜任项目经理的人，往往也具备创业潜力。

企业内部岗位的发展趋势则日益细化。尤其是在数字化时代，数据已成为企业运营决策的重要依据。随着短视频时代的开启，传统的营销渠道正被内容平台重构，而数据的重要性进一步提升。岗位的细分也意味着任何需要探索和测试的项目，从一开始便受到技能划分所带来的岗位成本限制。然而，技能只是表象，经验与视野仍是最关键的底层能力基础（除了一些极度依赖创意的岗位外）。因此，当一名项目经理能够通过引入新技术而尽量减少那些单纯因技能需求而设置的岗位时，这实际上为项目生存奠定了基础。同时，作为项目负责人，他们能够通过全面的信息掌握和深入的熟悉度，做出接近事实的分析和判断。

基于此，我们将那些熟悉并能够一定程度掌握项目中所涉及的各类技能的项目经理，称为"全能型项目经理"。对于"全能型"，我们更强调其技能的广度，而非经验与专业知识储备的深度。之所以将重点聚焦于技能，是因为在数字工具发展到智能化阶段后，已超越了传统软件的概念。我们不妨将这些工具视为自动化辅助平台，既能获取行业所需的数据资源，也能完成相应的创作任务。

2.4.2　全能型项目经理的能力结构

设想这样一个场景：在各项素质均相等的情况下，全能型项目经理与传统意义上的优秀项目经理进行对比，如图 2-19 所示。

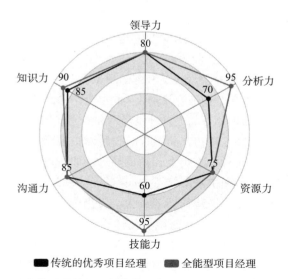

图 2-19　全能型项目经理与传统的优秀项目经理能力对比雷达图

　　作为一名综合能力极强的项目经理，他在项目管理中对各项工作的掌控力可以想见，这是最大限度地保障项目成果的关键。企业发展过程中，我们常说企业掌舵人的能力上限决定企业发展的高度，尤其是在依靠创新制胜的行业中，这一逻辑在许多优秀企业的发展轨迹中得到了反复验证。

　　同理，项目经理的能力结构也决定了项目最终的结果。在实际工作中，专业技能、分析能力与知识储备这三大模块的水平过去往往需要依靠团队协同来提升，项目经理主要承担的是选择和协调的角色。然而，如今在强大专业工具的支持下，项目经理首次拥有了直接操作的能力，可以将更多精力集中于判断，特别是在精准数据支持下进行的判断。这种转变带来的影响是巨大的。

2.5　AIGC 项目经理

　　著名财经媒体曾报道过某位知名专家分享的案例：过去，完成一个复杂大分子结构的研究需要带领 10 名博士生耗时 5 年，而如今借助 AI 技术，实验室里一个学生只需 1～2 周便能完成这一工作。随着 AlphaFold 3 的问世，这一进程得到了进一步加速。作为开创性的 AI 模型系统，AlphaFold 3 被誉为能够预测所有生命分子的结构及其相互作用。它的出现深刻地影响并改变了生物领域的发展，如图 2-20 所示。

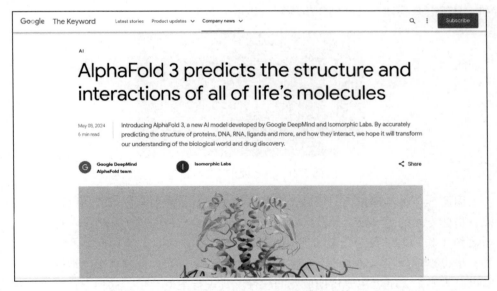

图 2-20　对生物领域产生颠覆性影响的大模型系统 AlphaFold 3

类似的案例几乎在各行各业中发生。依托大数据训练的大模型，不仅实现了工具的升级，还形成了拥有海量行业数据并能够输出现实结果的智能体。这正是AIGC 技术在这一轮科技浪潮中被广泛重视的原因，标志着我们正在步入一个革命性的技术时代。

2.5.1　AIGC：项目经理的新工具箱

在过去，当项目经理需要处理海量数据时，最有效的方法是借助各种分析工具，通过预设公式对数据进行整理和挖掘，并生成可视化图表。因为对于未经专业训练的人来说，错综复杂的数据往往难以直接解读，而可视化的图表形式则更能体现数据的价值。如今，借助大模型工具，即便是在普及度极高的 Office 办公软件中，也可以高效地完成海量数据的分析与处理。

各行各业中都存在大量的专业术语，背后有其深刻的含义。例如，在撰写本书的过程中，笔者需要查询大量资料以精准描述某些场景。类似的情况在项目管理领域也屡见不鲜。此时 AIGC 工具就成为最合适的助手。如今，许多协同文档和笔记类应用都内置了 AI 技术，用户仅需简单提问，便能轻松获得所需答案。

此外，在项目管理中，还经常会遇到翻译、模型绘制、文档撰写等多方面的需求。正如笔者在撰写本书时，会根据内容结构和涉及的工具，通过网页收藏夹和工具组合来构建自己的创作工具箱，如图 2-21 所示。

图 2-21　笔者创作的工具箱

因此，项目经理作为一项涵盖复杂领域的职业，需要根据自身所处的行业特点，搭建专属的工具箱，并在实际工作中不断磨合软件间的协同效率。这样通过与具体工作内容的结合，就能形成独特的优势。而对于具备一定技术知识的人员，也可以选择在本地搭建大模型，通过不断训练，让大模型更精准地回应自身需求。本书中，笔者主要借助成熟的软件工具进行案例演示，这种方式对大多数人而言更加实用。

2.5.2　转型路径：成为 AIGC 项目经理

1. AIGC 项目经理的能力

对于项目经理而言，追求效率贯穿项目全过程。前面阐述了全能型项目经理的特点及优势。图 2-19 所示的雷达图展示了对知识储备、专业技能、分析能力三大核心能力的要求。而大模型的出现，像是为此提供了一种终极解决方案。

随着智能技术及相关工具的广泛应用，许多领域不再需要耗费大量时间沉淀，便可快速掌握专业能力。这种趋势直接推动了专业领域从业人员的年轻化，项目管理领域亦不例外。新入行的从业者如果能够利用智能化发展的契机，搭建专属工具箱，并结合大量实践进行熟练运用，将在短时间内实现职业发展的跨越式提升。

正如智能技术相关人才炙手可热，越来越多的岗位正向 AIGC 转型，项目经理也不例外。未来，"AIGC 项目经理"可能会变得非常普遍，直到我们真正迈入 AGI 时代，实现全面智能化与自动化——那是"一即万物，万物归一"的境界。

2. AIGC 项目经理的发展前景

当下可谓 AI 发展的黄金时代，科技领域几乎所有人的目光都集中在大模型的技术突破上。许多企业将大模型视为发展的未来方向。即便是苹果公司这样的科技巨头，也将新能源汽车业务让位于智能业务的研发。正如国内某科技公司创始人所言，智能才是新能源汽车的灵魂与核心。

近年来，部分人尝试在本地部署开源大模型产品，但因终端设备性能限制，往往未能成功。事实上，大模型的研发与运行高度依赖算力和能源。然而，将大模型部署至终端设备正成为新的发展方向。端侧 AI 的兴起，让 AI PC 与 AI Phone 成为硬件厂商的竞争新热地。2024 年，微软开源了小语言模型 Phi-3-mini 版本，使端侧 AI 进入现实应用阶段。Meta 推出的 Llama 3 系列则将"小模型竞赛"推向公众视野。

无论是端侧 AI 还是小模型的发展，都让智能技术更广泛地惠及个人及行业，深刻改变职业发展路径。作为项目经理，密切关注前沿技术尤其是其对工作方式的变革，将这些技术融合实际工作，成为 AIGC 项目经理，不仅能提升自身能力，还有助于从竞争中脱颖而出，成为技术进步的受益者。

第 3 章

项目经理的 AIGC 工作台

前面我们已经用较长篇幅详细探讨了 AIGC 技术所带来的效率提升。本章将聚焦于项目经理这一岗位所需的数字工具,尤其是那些常用的工具进行深入解析。关键在于,通过逐一介绍这些工具及其功能,明确它们之间的关联性,从而帮助读者搭建自己的工具台,打造在职场中所向披靡的利器。

3.1 New Bing:精准搜索

ChatGPT 刚推出时,网络平台上充斥着大量与 ChatGPT 对话的截图。这些案例展示了如何通过输入指令生成所需的文本、图片甚至视频等多种内容形式。通过指令生成内容的精准度越高,越贴近用户的实际需求,就越能体现出大模型的智能化程度。因此,评判一个大模型是否先进的重要依据之一,就是它是否能够精准生成符合用户需求的内容和反馈。

3.1.1 搜索引擎与 AIGC

在大模型出现之前,搜索引擎的交互模式可以看作生成式人工智能的一种早期形态:通过用户输入的指令,生成与之相关的内容。搜索引擎的工作原理相对简单:用户在搜索框中输入关键词,搜索引擎通过爬虫技术抓取第三方在网络中已经存在的内容。这一过程的前提是第三方在创建网页或网站时,需要设置被搜索的关键词标签。随着相似内容的规模增大，为了尽量被用户搜索到，搜索优化（SEO）和商业推广业务逐渐兴起，形成了我们今天所熟悉的搜索引擎生态。

从用户需求出发，可以将搜索引擎的发展历程简单地划分为**主动搜索**与**被动呈现**两个阶段：第一个阶段非常简单，在内容稀缺的互联网初期，人们往往根据自己的需求来主动搜索内容；第二个阶段则是在信息爆炸时代，搜索引擎根据用户的搜索需求呈现额外的相关内容，或者推荐和自己有商业关联的结果。在第二个阶段，用户发现搜索结果与需求的相关性逐渐降低。因此，在自媒体崛起之后，人们又恢复为主动搜索，只是此时人们开始基于自己的喜好与信任，依赖内容平台而非搜索引擎，去获取个性化信息和可信内容。所以，正如今天我们所看到的，当发生一个重要的新闻事件时，人们不再通过搜索引擎去获取更全面的信息，而是通过内容平台获取。

很多人在使用过大模型产品之后，会有这样的疑问：如果生成式人工智能能够根据用户指令生成对应内容，那么搜索引擎的意义是什么？或者说，大模型技术与搜索场景的结合价值体现在什么地方？

生成式人工智能技术广泛应用后，人们可以与智能工具进行对话式交互。此时用户需要发出指令，仍可以视为主动搜索，区别在于智能工具能够准确地回应人们的需求（否则无法称为"智能"）。因此，基于大模型的 AIGC 工具出现之后，搜索引擎立刻面临着长期的生存危机。

但是严格来说，当前的生成式人工智能技术并未达到根据用户的指令非常准确地生成所需内容的水平，而传统互联网中存在海量内容，所以搜索引擎仍是较好的获得信息的方式。生成式人工智能要想完全替代搜索引擎，其关键仍在于数据存量。

尽管当下的 AIGC 工具还做不到与用户需求完全精准适配，但是将 AIGC 技术与搜索场景结合，被认为是最为实际的解决方案，这个思路催生了 New Bing。

将传统搜索引擎与生成式人工智能结合，让网络真正成为用户的资料库，这就是 New Bing 的价值。它让用户的搜索精准瞄向所需内容，而非泛泛的资讯，使搜索内容重新回归到用户需求。

3.1.2　New Bing 的变化

最新版本的 Microsoft Bing（即 New Bing）页面中，左上角会显示微软的 AI 助手 Copilot，如图 3-1 所示。

用户进入 Copilot 页面后，会看到一个"笔记本"功能，如图 3-2 所示。打开这个功能，我们尝试通过对话的方式，向智能助手询问关于 New Bing 的变化，此时会有一些有趣的结果呈现，如图 3-3 所示。

图 3-1　集成了 AI 功能的搜索引擎 New Bing

图 3-2　"笔记本"功能

图 3-3　智能助手回答用户问题

细心的用户可能会注意到，当智能系统将结果呈现给用户后，底部通常会附带相关联的页面链接，便于用户进一步扩展需求。然而，这也引发了一些担忧，即微软是否会优先推荐与其自家产品相关的内容。对此，笔者特意提出了另一个问题，询问当前大模型产品在小型化方面的进展。结果显示，在回答页面中依然提供了关联页面的访问链接，且并非与微软产品强相关，如图 3-4 所示。这表明该智能系统注重用户扩展信息的选择空间。

图 3-4　回答问题的页面底部出现的关联链接

通过上述案例可以看出，内嵌智能技术的搜索方式与传统搜索之间存在一定的关联性，但前者更体现出技术的整合。这种整合会随着技术的进步而持续进化和升级。目前，我们能看到的是当智能系统响应用户需求时首先提供精准的内容，当用户需要更深入了解时，可以通过智能提示的关联页面获取更为详尽的信息。这种展示方式让用户首先获得一个准确的答案，然后基于这个答案扩展知识的视野，实现深入学习的目的。

相比之下，传统的搜索方式主要是提供搜索结果的列表。尤其是在专业领域的搜索中，传统搜索引擎提供的是通过爬虫技术抓取的第三方内容的链接，而非直接的答案。而用户需要自行筛选和甄别这些信息。这无疑增加了用户获取知识的成本和难度。

3.1.3　智能搜索重新定义搜索

精准搜索，作为信息爆炸时代的产物，本应成为解决信息过载的利器。然而，在商业利益的压力下，搜索引擎提供商不得不采取一些商业化手段，这使得搜索引擎在追求盈利的过程中逐渐偏离了其初衷——提供精准的网络信息查询服务，难以满足日益增长的用户需求。

大模型技术的兴起，为搜索引擎的演进指明了新方向。面对海量数据，精准搜索仍是关键。无论是传统搜索引擎还是智能搜索，要想实现精准搜索的效果，其核心都是高效处理和呈现海量数据。

智能搜索时代的到来，为各行各业的专业人士和普通个体带来了巨大的利益。人们可以从庞大的网络数据库中轻松获取所需的资料和专业知识。可以说，智能搜索时代极大地简化了知识，尤其是专业知识的获取流程。现在，任何人通过网络平台的学习都可以提升自己的专业能力。对于职业人员而言，他们可以根据需求随时从网络空间获取各种形式的内容。这正是智能搜索时代带来的革命性变革。

我们常见的搜索场景通常出现在网页中，或者某些媒体内容平台上，当然最为熟悉的还是通过搜索引擎获取内容。而现在，伴随着 AIGC 技术及应用的发展，又衍生出一种新的搜索场景。比如，当我们在撰写某些内容时，经常需要引用某些文献或专家的观点，在这种情况下，我们也可以借助 AIGC 技术完成引用式内容的查询与嵌入。我们利用腾讯文档的智能助手功能，搜索关于"大模型小型化发展趋势"的内容，并生成文档。如图 3-5 ～图 3-7 所示。

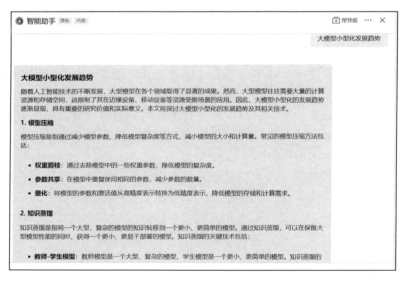

图 3-5　通过文档中的智能助手获取专业内容

生成的文档在打开后，如果发现需要补充一些内容，或者希望让内容更加丰富，就有必要继续完善。在撰写过程中，往往需要嵌入一些专业名词的解释，以便读者更好地理解文档内容，此时可以借助智能工具辅助完成相关内容的引用与撰写，如图 3-8 ～图 3-10 所示。

在上述案例中，我们可以看到智能搜索带来的另一种应用场景，即在创作过程中需要引用一些专业文献时，无需打开第三方工具即可直接在应用内完成操作。这对于经常撰写文档和方案的用户来说，效率的提升显而易见。更关键的是，智能搜索提供的内容准确率通常远高于个人的认知，因为个人查询的内容往往受到其认知边界和知识储备的限制。

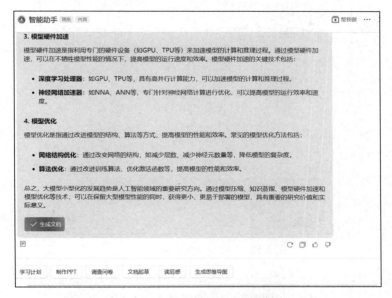

图 3-6　当内容生成之后会出现"生成文档"的按钮

图 3-7　搜索内容与生成文档之间无缝衔接

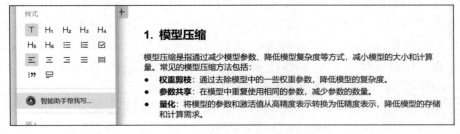

图 3-8　在文档中继续嵌入专业内容

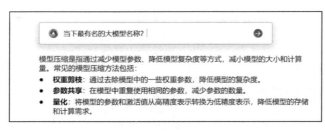

图 3-9 通过智能工具进行内容的搜索

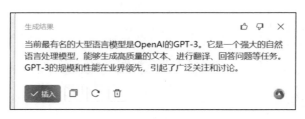

图 3-10 将生成的内容插入文档中

因此，可以这样总结这一场景：在智能技术的支持下，搜索场景拓展出了一种全新的应用方式，并且与即时性创作紧密结合，极具实用价值。

3.2 Notehot.ai：即时创作与即时生成

项目经理经常需要撰写各类文档，包括用于汇报的演示文稿、用于团队沟通的方案以及产品介绍的文案等。在这一过程中，常会面临诸多挑战，如适应不同文档格式和创作环境、优化排版设计，以及整合多种内容类型等。

协同笔记文档软件正是移动互联网阶段发展的重要产物，专为满足有移动办公场景这一具体需求的人群设计。移动设备性能的跨越式提升，也是这类软件兴起的关键动力。早期，笔记文档软件主要依赖 Web 端和移动端的结合，PC 设备的独立应用并非开发首选。背后原因在于实现跨设备协同，用户可以通过 Web 端软件实现 PC 和平板设备之间的无缝协作，从而避免 PC 独立应用开发的高投入风险。而随着协同笔记文档软件功能的逐步完善，以及"去 Office 化"趋势的兴起，这类应用逐渐推出 PC 端独立应用，以满足用户对复杂功能和操作的更高需求。功能越来越集成化的笔记文档软件如图 3-11 所示。

笔记类应用种类繁多，笔者常用的有五种，依据不同场景分别使用。

首先，笔者习惯使用 Wolai 搭建知识库，并将分享链接同步到个人媒体号中，作为与用户之间的连接桥梁，如图 3-12 所示。

图 3-11 功能越来越集成化的笔记文档软件

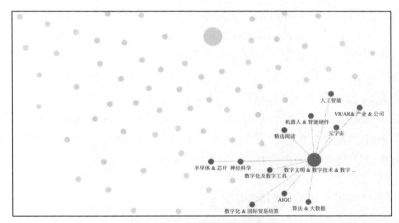

图 3-12 知识库的建设

其次，语雀被用作个人媒体号的撰写工具，腾讯文档则作为商业项目协作的撰写工具，而秘塔写作猫被用作创意写作工具。根据这些工具的特点，笔者将它们分别用于不同功能的辅助，来积累日常创作内容，如图 3-13 所示。

图 3-13 笔者常用工具合集

此外，Notehot.ai 也是笔者常用的应用之一。在日常生活中，大家经常会遇到需要及时记录灵感和想法的场景，尤其是在项目管理中，需要撰写观点甚至方案时，移动化的支持显得尤为重要。

笔者选择 Notehot.ai 作为撰写工具，原因在于它具备以下特点：首先是强大的 AI 写作能力，其次是轻量化设计支持移动场景，最后是能满足日常撰写的多种需求，包括表格与数据处理、数学公式以及脑图的生成与创作，如图 3-14 所示。

图 3-14　Notehot.ai 的撰写界面

打开 Notehot.ai 后，可以发现界面极其简洁，几乎没有多余功能，用户只需专注于撰写工作。此外，Notehot.ai 支持 Markdown 语言，完全胜任跨平台创作，可用于记录想法、创意文案等轻量化的写作任务。

不得不承认，经过多年的发展与沉淀，鼠标与键盘的结合依然是最优的创作方式。然而，大模型的出现打破了一直以来的习惯，为创作方式带来了新的变革。借助 AIGC 技术，即使在移动化场景下，也能够实现复杂操作和多样化内容撰写。甚至在手机这样的小屏幕设备上，用户也可以轻松完成即时创作与内容生成，从而真正实现了移动化，具备了即时创作与生成的能力。

3.2.1　Notehot.ai 改变移动写作

移动化的文本创作工具非常多，比较有名气有 Notion、Obsidian、印象笔记、石墨笔记等。其中 Notion 算是比较早的接入 GPT 大模型的笔记类软件之一。国内本土的笔记类应用已经非常多，这些借助移动化浪潮而崛起的创作类应用，如今在功能上都不约而同地转向综合类的创作平台，而非局限于文本撰写与协同这个领域。

类似的案例在其他领域也屡见不鲜。ChatGPT 的出现是标志性的事件，也是改变这些应用软件发展轨迹的重要技术因素。但在移动化场景下的创作需求依然是存在的，项目经理在项目策划、运营等环节中，经常需要撰写文案类的内容，而能够适应移动化办公场景的应用就会成为这一群体非常重要的工具。

　　AIGC 的出现，在某种程度上赋能了移动化场景的创作。如今，很多创作场景并不一定要打开 PC 设备。无论是智能手机还是平板，这些移动智能终端设备的性能都能支持很多软件的使用。尤其是多屏协同已经普遍应用的情况下，移动设备需要走向创作领域，而非仅仅停留在生活与娱乐的层面。AIGC 出现，除了技术本身的突破之外，还带来了新的交互模式，即用户可以通过指令的方式完成内容的创作。

　　Notehot.ai 就是 AIGC 技术发展催生的产品，能满足人们对于移动化场景创作的需求。这是一款以 AI 辅助创作功能为主要特点的应用工具。与其他笔记类应用不同的是，在 Notehot.ai 的操作界面中，用户能够一目了然地看到 AI 辅助按钮，如图 3-15 所示。而其他笔记类应用仍以满足用户自身的撰写需求为主，AI 只是次要功能，因此 AI 按钮在操作界面中体现得并不是太明显。

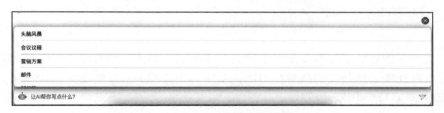

图 3-15　Notehot.ai 操作界面

　　我们也可以在 Notehot.ai 中看到模板化的创作模式，这种模式曾在数字化转型阶段时被大量的软件服务商借鉴。创作型软件会提供很多模板来降低用户的使用门槛，这些模板的来源一是软件提供商，二是使用该工具的资深用户。在 Notehot.ai 中，用户仍需要自己完成内容的创作，只是在不清楚某种类型内容的撰写格式时，可以通过 AI 功能来采用官方所提供模板完成创作，如图 3-16、图 3-17 所示。

图 3-16　通过 AI 工具辅助撰写某类型内容

图 3-17　AI 工具辅助完成格式范本

上述案例展示了在移动设备上完成创作的具体操作，在智能手机上可以轻松实现这些功能。这使我们能够随时随地从头开始撰写一篇新的文案，或在团队协作中记录自己的思考。

3.2.2　真正实践灵感笔记

项目管理从业人员或类似职业群体经常会遇到这样的情景：在推进项目或其他工作时，突然萌生一个想法或创意。如果不及时记录，这些灵感往往很容易被遗忘。有些人习惯随身携带手写笔记本，但在项目管理过程中，或围绕流程推进的协同类方案需要的是与团队节奏相契合的内容，而非独立的创意记录，这两者之间存在显著差异。而通过像 Notehot.ai 这样的工具，则能够很好地满足流程跟进这一需求。

我们通过一个具体的场景案例进一步说明：在推进某阅读类 App 开发项目的过程中，当进入功能收集环节时，项目经理在书店阅读时突然联想到一个场景，于是打开 Notehot.ai，将刚刚的思考记录下来，形成功能方案（见图 3-18），方便团队跟进和验证。

我们可以首先通过 Notehot.ai 创建一个格式模板，然后在其中撰写所需的方案内容，如图 3-19 所示。在项目推进过程中，每一个操作环节，尤其是涉及项目进度的关键环节，都需要及时与项目的整体看板进行关联，以便在复盘时能够清晰地查看项目推进的完整记录，如图 3-20 所示。

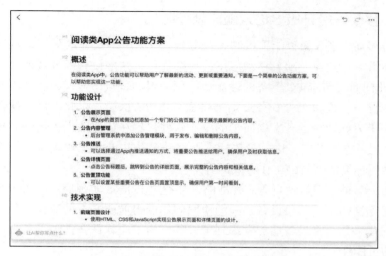

图 3-18　撰写阅读类 App 的功能方案

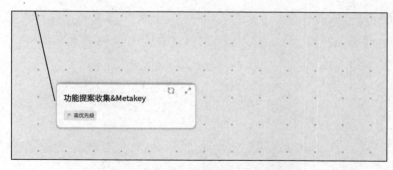

图 3-19　通过 Notehot.ai 撰写基本文档

图 3-20　在项目看板中及时更新关联文案

借助 Notehot.ai 这样的创作工具，可以快速记录想法，并通过移动设备完成接近专业水平的内容撰写。这种创作形式真正实现了随时随地的便利，同时支持丰富多样的内容创作类型，这一切都得益于 AIGC 技术的发展带来的深远影响。

3.2.3　移动设备升级，进入随时创作时代

　　智能移动设备（如智能手机和平板电脑）曾因屏幕尺寸的限制而难以充分发挥其性能潜力。然而，随着移动应用的持续优化，这些设备的处理能力已远超需求。与此同时，传统 PC 设备的性能和体积的限制日益凸显，在性能不足且体积庞大的情况下，许多工作任务逐渐不再适合由 PC 承担。因此，众多软件开发商开始专注于为移动平台开发高质量的专业软件，旨在让移动设备能够胜任过去只能在 PC 上完成的工作。这一趋势标志着移动设备在专业工作领域的崛起，也预示着一种更加灵活高效的工作方式的到来。

　　例如，苹果公司启动自研芯片战略，并通过 iCloud 实现同一账号下不同设备间的数据无缝同步，苹果设备之间的协同创作变得前所未有的流畅。凭借底层优化技术，苹果公司将设备性能发挥到了极致，为专业软件在移动设备上的应用开辟了新的可能性。

　　如今，即便是像 Capture One 这样的高清照片处理软件、Code 这样的桌面级代码编辑器、3D Scanner 这样的激光雷达 3D 扫描建模应用、Nomad Sculpt 这样的 3D 雕刻建模工具，以及 Shapr 3D 这样的顶级 3D 模型设计软件，都能在移动设备上展现出强大的功能，如图 3-21 ～图 3-25 所示。此外，在绘画领域，iPad 已成为众多设计师、画家和摄影爱好者不可或缺的创作伙伴。凭借卓越的性能和灵活性，iPad 已经成为创意专业人士的首选工具。

图 3-21　桌面级代码编辑器 Code

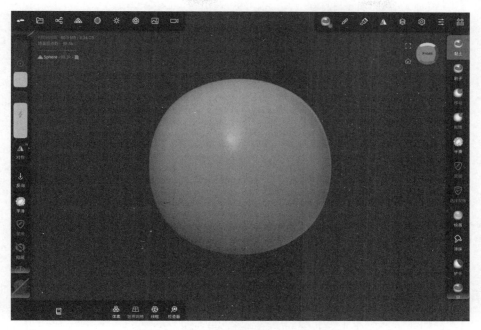

图 3-22 3D 雕刻建模应用 Nomad Sculpt

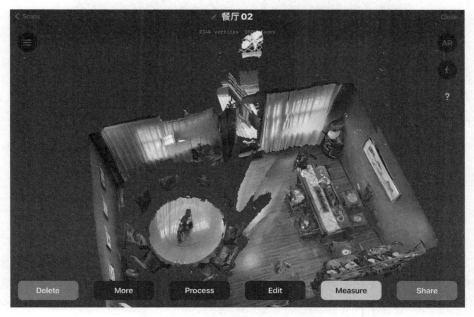

图 3-23 扫描建模应用 3D Scanner

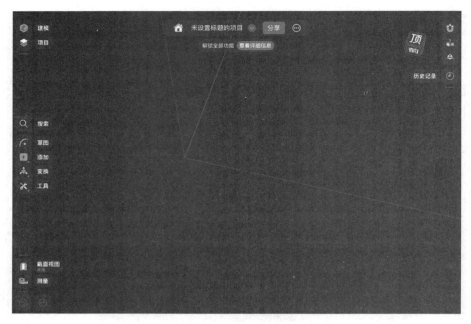

图 3-24　3D 设计应用 Shapr 3D

图 3-25　图片处理应用 Capture One

因此，当新款 iPad 的价格高达上万元，甚至部分版本已经超过游戏型笔记本时，这在网络上引发了广泛热议。人们对此褒贬不一，关键在于使用者是否能够充分发挥其使用价值。对于上述从业人员而言，iPad 的确物超所值，其所带来的便携性是传统 PC 无法比拟的优势。

如果从智能化技术发展的趋势来看，移动设备的优势将被全面释放和展现，并有望打破长期以来以鼠标和键盘为核心的交互模式。将手指的创造力与大脑的想象力直接结合，正是移动设备吸引创作者的最大魅力所在，也体现了新交互模式面向未来的无限可能。

3.3　Eagle：智能化资料库

项目经理在日常工作中，为了管理和推进不同项目的需要，通常需要搭建属于自己的资料库，存储的内容类型包括但不限于图片、音频、视频等。在撰写方案或引用时，可以随时调取，非常方便。

生成式人工智能虽然可以满足我们对素材的需求，但在当前阶段，面对复杂事务时，诸如工作中常需的专业数据图表引用、短视频和音频素材等，仍然难以通过 AIGC 完成。

因此，通过日常的积累，创建和搭建属于自己的资料库，对于项目经理来说是非常必要的。

3.3.1　Eagle：惬意拖曳的管理工具

目前市面上能够实现资料库创建的工具非常少，因为商业软件的推出需要充分考虑实际需求，毕竟软件工具供应商需要考虑变现规模和利润空间。目前我们仍在使用的资料库工具，很多都是早期图床工具发展而来的，且面向的群体非常细分，其中互联网行业中从事设计领域的群体使用得较为频繁。

随着笔记类、项目管理、产品管理等工具的崛起，许多原本属于图床工具的功能逐步被整合进其他创作类工具中。如前所述，平台化是创作软件工具的发展趋势，在这一过程中，许多细分工具逐渐被替代。工具类软件具有这样的特点：一旦创作者习惯了某款软件，无论是基于使用习惯还是大量沉淀的数据，都很难转向其他工具，除非新工具具备无可替代的价值。

Eagle 是笔者使用时间最长、频率最高的资料管理工具，被广泛应用于笔者当下的创作中。无论是撰写商业方案还是书籍，Eagle 都非常好用。即便更换硬件设备，也只需将创建的素材库复制到新设备中，在 Eagle 中重新关联，就可以继续使用。同时，Eagle 支持的文档类型非常丰富，对于实现文件和素材的一站式管理非常有帮助，如图 3-26、图 3-27 所示。

对于常见的文档、图片、音频、视频等多种格式文件，在 Eagle 中都可以通过拖曳的方式实现智能化管理，如图 3-28 ～图 3-31 所示。

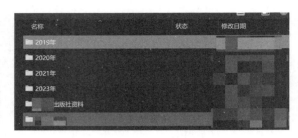

图 3-26　导入历史文件

图 3-27　Eagle 支持的源文件类型

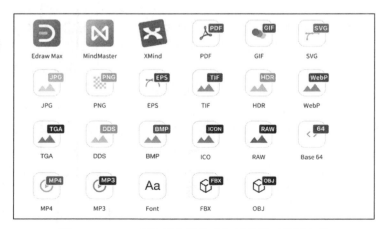

图 3-28　Eagle 支持的文件格式包括软件工具源文件

流水般的浏览体验

依比例排列,素材完整呈现不切割,不用双击就
能飞速预览,大幅提升浏览效率和体验。

🖱 **鼠标悬停预览** NEW
无需打开文件,鼠标移动到素材上即可预览

🗐 **空格键预览**

🗖 **瀑布流、自适应布局**

🔍 **图片缩放自如**

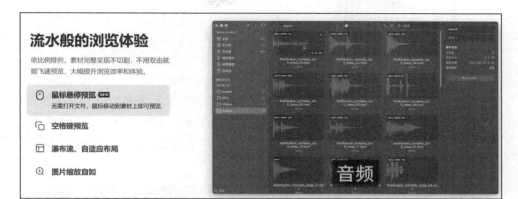

图 3-29　Eagle 支持预览模式

轻松整理大量素材

面对日积月累的凌乱素材,分类的效率越来越
低。Eagle 提供多种分类方式,可以高效整理你
手边大量的素材。

🏷 **标签**
为任何图片添加标签,以便快地找到它们

📁 **文件夹**

⚙ **智能文件夹**

💬 **写下你的想法**

图 3-30　Eagle 整理素材非常方便

快速找到所需的一切

当你需要用到素材时,强大的搜索能力帮你迅速
找图片素材。除了关键字搜索,Eagle 还提供多
种筛选工具,所有的搜索都可以在 0.5 秒内完
成。

◯ **颜色搜索**
使用颜色找到你正在寻找的图片

🔍 **关键字搜索**

▽ **高级筛选**

◁ **快速浏览**

图 3-31　Eagle 具备查询功能

随着时间的沉淀，涉及不同领域和行业的素材最终会形成海量的数据规模。特别是从事项目管理的人员，都能深刻体会到资料存储的重要性。硬盘堆积的文件早已忘记内容，在需要时常常会重复下载，最终购买硬盘的费用已经远远超过了一台性能较好的 PC 设备。因此，借助一款智能资料管理工具，不仅能让重要资料随时呈现在我们视野中，还能便捷地进行调用和使用，从而节省大量的存储空间。

同时，在 Eagle 中，我们可以通过其资源社区来完成新素材的整理和收集，特别是可以根据已有的图片素材搜索同类素材，并通过其集成的工具来设计和创建新的素材，如图 3-32 ～图 3-34 所示。

图 3-32　Eagle 中有非常详细的外部素材库

图 3-33　通过 Eagle 打开集成的工具来设计新素材

图 3-34　以图搜图的功能

3.3.2　一站式实现生成式创作

使用 Eagle，用户不仅可以通过平时的积累来丰富资料库的建设，还可以在项目发起初期撰写项目方案时，根据项目内容即时完成素材的搜集与整理。这些搜集与整理得到的素材，如果要在项目中应用，通常需要进行一定的二次处理。虽然目前可用的工具很多，但如果能在一个平台上完成处理工作，那么依然是最具效率的做法。笔者仍以当前大家普遍能够轻松使用的软件工具 Eagle 为例来完成上述场景，如图 3-35 ～图 3-37 所示。

图 3-35　对图片进行二次处理

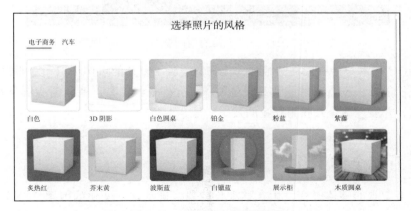

图 3-36　选择需要生成的风格

图 3-37　快速生成新的风格

可见，在 AIGC 技术的支持下，只需简单几步，就能完成一张新的图片素材，简化了传统上需要通过多个专业软件才能完成的任务，而完成的素材只需重新拖曳到 Eagle 中即可使用。当然，如果我们希望素材的清晰度得到加强，也可以通过 AI 工具来实现，如图 3-38 所示。

图 3-38　通过 AI 工具进行清晰度加强的二次处理

AIGC 技术与传统工具的结合，让我们摆脱了复杂的操作步骤和专业的门槛。只要我们能够根据自身的职业和岗位需求，合理搭配工具，就能创造出令人惊喜的成果，并展现出令人叹为观止的效率。

3.4　万能个体工作台

数字工具的整体蜕变发生在移动化阶段，推动这一变化的因素是多方面的。一方面，移动设备的性能呈飞跃式增长，某种程度上已经接近 PC 的性能，尤其是考虑到移动端应用的优化程度，部分应用在移动设备上的响应速度远超 PC 设备。另一方面，随着高效通信网络及移动设备的普及，协同网络的规模也变得庞大，尤其是在移动办公和创作需求激增的背景下。这两个因素成为数字工具朝着多屏协同、移动化、集成化发展的重要驱动力。为了适应移动设备的屏幕尺寸并方便移动化场景下的创作，一些数字工具提供商看到了新的机会，推出了模板化功能，降低创作门槛，突破了传统软件的局限，笔记类应用就是依靠这一逻辑崛起的，而亿图这样的软件供应商则在这一趋势下脱颖而出。

ChatGPT 的出现加速了这一进程，生成式人工智能极大地改变了职业与行业形态。我们发现，许多岗位与技能的门槛已经降到了最低，而随着数字工具智能化，许多技能和相关职业已经难以作为独立的职业存在。这是当前非常重要的趋势。因此，综合型或复合型人才的需求成为新的能力竞争热点。回到个体层面，许多领域的门槛已经不复存在。

今天，对于个体而言，即使没有经过长时间的学习，驾驭多个领域的技能也变得非常简单。以项目管理为例，传统的项目管理通常是一个典型的协同体系，涉及管理、策划、技术支持等各个模块，分工明确。而如今，项目经理可以通过智能技术介入多个领域，推动项目进展，而不再依赖于某个领域的单一专业技能，如撰写文档、绘制模型等。

因此，我们看到当下的组织越来越小型化，超级个体越来越多。在面对成本压力的情况下，许多创业组织已经能借助智能技术最大限度地节省成本，更具创造力的小微组织和个体正在崛起。

而为了实现 1＋1＞2 的效应，在数字工具的使用上，只有通过日常工作内容搭建一套协同体系，才能在不断的实践中形成竞争优势。

3.4.1　ChatGPT：智能撰写项目方案

正是因为 ChatGPT 的突破，让较大规模的人群了解了大模型及智能技术的发展。在本书撰写时，当笔者询问周围的人时，大家仍然将 ChatGPT 视为大模型的代名词。ChatGPT 已经成为人们学习和熟悉 AIGC 技术的第一站，因此，通过熟悉 ChatGPT，我们也能够了解大模型产品。Sora 代表着未来的进入方式，但用户进入 OpenAI 官网时，会看到 ChatGPT 的入口也非常显眼，如图 3-39、图 3-40 所示。今天，我们可以通过 ChatGPT 来完成一份方案的撰写，基于我们日常接触的软件，这个案例可以作为参考，帮助我们熟悉如何正确使用 AIGC，使其真正成为我们生活和工作的得力助手。

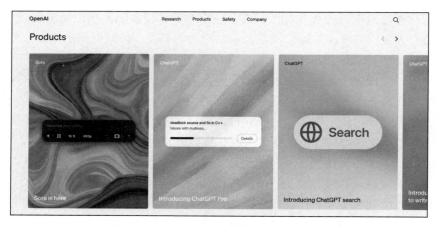

图 3-39　Sora 非常醒目

图 3-40　ChatGPT 的入口

　　很多人喜欢通过与 ChatGPT 对话来测试其智能化程度，但我们需要意识到，碎片化的工作并不等同于真正的创作。任何能代表创作的活动和成果，一定是完整、成体系的，包含了专业知识，它可能代表着你的经验和判断力，也可能体现你积累的知识深度等。在这一层面上，ChatGPT 可以协助我们完成一些非常重要的工作内容，如图 3-41 所示。

图 3-41　ChatGPT 的操作界面

我们在通过大模型辅助创作时，需要有一个思考框架，明确大模型在哪些环节可以帮助我们完成哪些具体任务，并且能够在上下文之间建立关联，这样我们才能完成一个完整的创作作品。当我们需要通过 ChatGPT 完成一份方案时，首先需要明确这份方案的主题，以及要阐述的主要内容。在这个案例中，我们让 ChatGPT 来辅助完成阅读类 App 的功能描述方案，如图 3-42 ～图 3-46 所示。

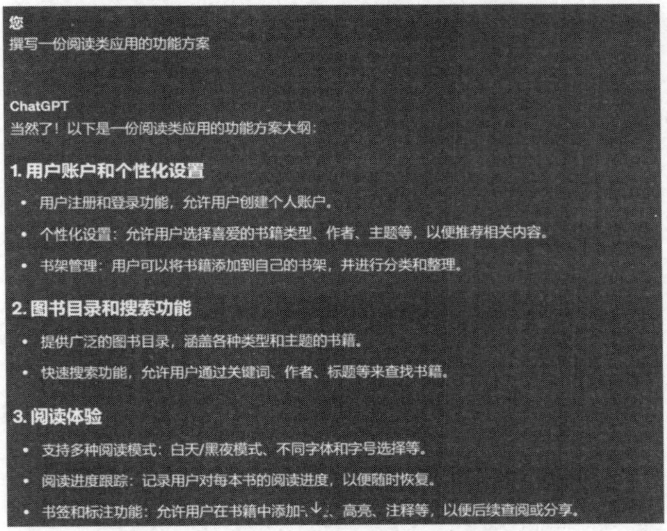

图 3-42　ChatGPT 回答的功能方案的问题

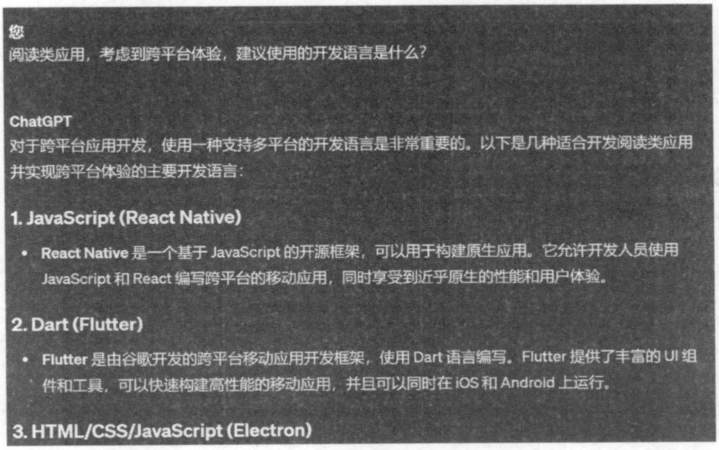

图 3-43　ChatGPT 回答的开发语言的问题

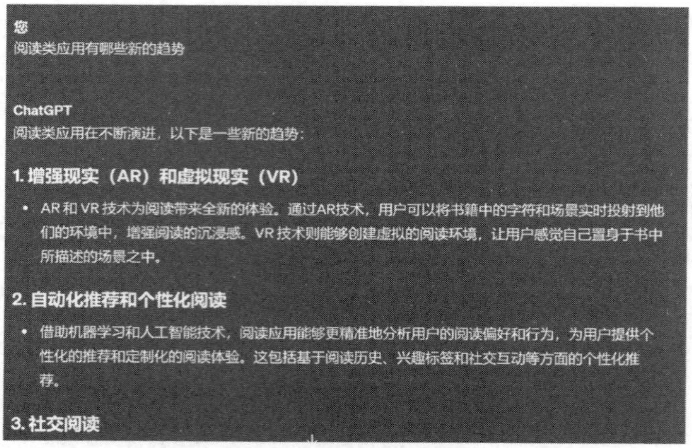

图 3-44　ChatGPT 回答的趋势的问题

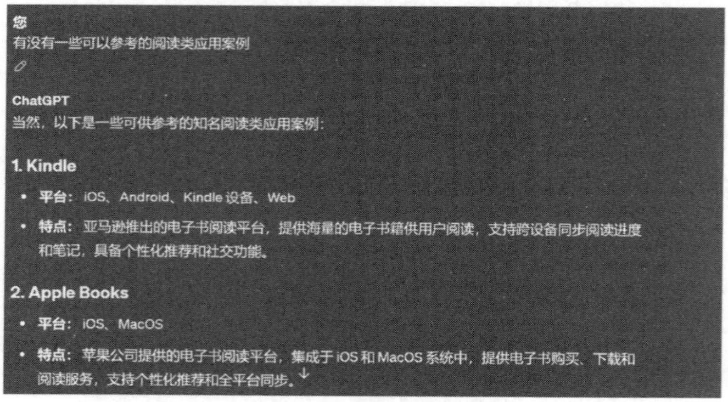

图 3-45　ChatGPT 回答的应用案例的问题

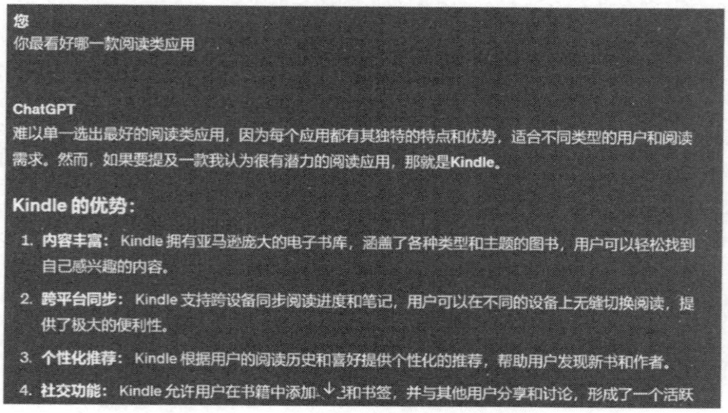

图 3-46　ChatGPT 回答的应用推荐的问题

上面展示了五个页面，第一个页面中，ChatGPT 回答了一个框架问题，类似于方案的结构，方便我们进一步细化其中的内容。第二个到第五个问题，实际上是为了完善方案，使其更具实用性。整合上述内容后，实际上就形成了一份相对完整的方案。后续，我们可以通过其他 AIGC 工具将其转化为不同格式的文件，如思维导图、PPT 等，用于团队沟通。

3.4.2　项目看板工具：搭建个体工作台

通过 ChatGPT 辅助完成方案并不意味着工作的结束。正如之前所强调的，我们仍需要依照完整的创作框架推进流程。在上述案例中，我们将 ChatGPT 生成的每一份文案内容复制到项目管理看板中。项目管理中，最重要的任务之一是不断地构建不同模块之间的联系，并记录各个环节的进展情况，确保项目成员可以清晰地看到全局，并随时跟进进度，如图 3-47 所示。尤其在方案收集阶段，及时分享创意显得尤为重要。

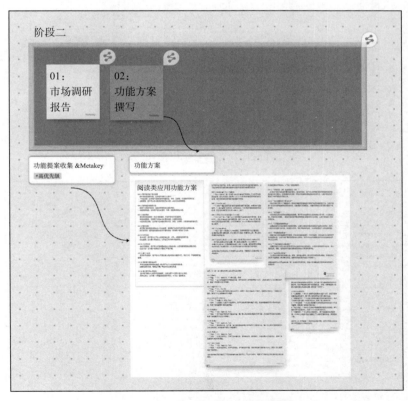

图 3-47　项目总看板中呈现进度

在图 3-47 中，大家可以看到右下角有一张图，包含不同颜色的文本框，有方案框架、方案模块描述文本。当这些元素组合在一起时，可以作为一个"容器"，整体呈现项目重点，方便团队成员之间的协同工作。如果成员需要更详细的内容，则可以通过看板中的关联按钮跳转到其他看板，如图 3-48、图 3-49 所示。

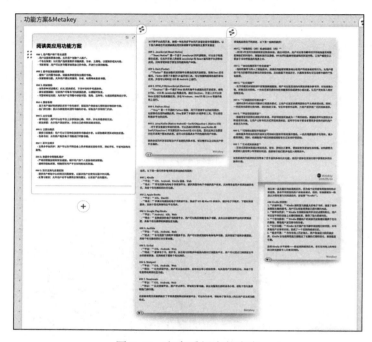

图 3-48　方案看板中的内容

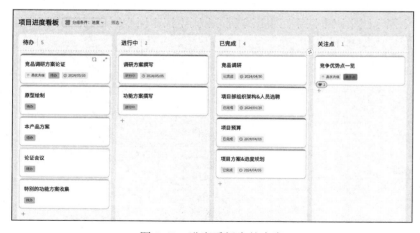

图 3-49　进度看板中的内容

如果仅仅通过 ChatGPT 来完成方案撰写，我们仍然难以体验其真正的价值。当我们能从整体项目的视角出发，在各个模块中借助 ChatGPT 推动内容的进展，并形成总览与局部的结果展示时，我们便能真正感受到其价值与意义。

案例中的总看板，可以视为项目的总控制台。从管理的角度来看，它也可以定义为可视化窗口。无论是项目管理人员还是项目成员，都能从中非常清晰地看到项目整体结构和推进的细节。

通过一个统一的平台，从具体功能和需求出发，协同其他工具或内容，推动整个项目的进展，这就是项目管理人员需要搭建的工作台。与零散和碎片化的视野不同，工作台的价值可以从两个视角来描述：

- ❑ **项目管理**：将整体项目拆解成若干模块，并分配给不同的成员协同完成。每个模块的进展会实时呈现在总看板上，项目经理需要确保主要任务线与其他任务线的一致性，并且可以通过可视化呈现。
- ❑ **工具管理**：无论是项目运营还是个人创作活动，涉及多少工具并不重要，关键是确定一个总控制台来呈现工具的成果，并通过不断使用形成工具的协同网络。

上面案例所示的方法，既可以用在项目管理中，也可以用在个体创业或者企业内部团队协同等场景中。

3.5　经验的价值

大家如果体验过最新的大模型产品，可能会有与笔者相同的感受：智能技术已经发展到可以替代我们许多能力的程度。关键在于，智能技术的进步速度非常快，且应用场景日益丰富，端侧智能、大模型小型化、多模态、具身智能等技术都在快速发展。

那么，我们需要回答一个问题：**我们曾经依赖的经验是否没有存在的必要了**？笔者也曾思考过这个问题，尤其是在体验到最先进的大模型技术之后，一度认为技术学习可能真的没有那么必要。在一切都可以生成的情况下，许多任务可以简单地交给智能工具，而短时间内我们就能得到反馈。

3.5.1　AI 时代的核心竞争力

随着智能技术的不断进步，尤其是在数字工具高度集成的大背景下，智能软件在各个专业领域的作用越来越大，也越来越能体现出其价值与影响力。因此，我们需要清楚地认识到，在智能时代，作为职场人，尤其是习惯了通过长期经验积累的成长模式的我们，如何继续保持自己的核心竞争力。

在体验过生成式人工智能的生成流程，尤其是复杂文档内容的生成后，笔者发现有两个环节会直接影响我们与智能协作结果的质量。

（1）选择

我们需要学会选择**何时**使用**何种**智能工具来帮助自己完成具体的任务，而这一选择本身也是一种决策。我们必须清楚自己做出选择的目的和意义。

（2）判断

不同的智能工具，在不同阶段或面对不同类型的内容时，反馈也不同。需要处理的内容越复杂，智能工具的反馈越难以具体，尤其是当前的大模型产品。我们并非因为智能程度而受限，这是现阶段智能技术尚未达到完全智能化，尚未实现完全自动化的结果。

3.5.2　经验造就良好的选择与判断

智能技术的发展应分为不同阶段。在最初的"文生文"阶段，智能技术难以具备专业能力，因此很多人将这个阶段的智能技术看作辅助或娱乐工具，常常将与智能工具的对话内容截图分享到社交平台。当智能技术发展到能够进行上下文关联并生成内容时，大模型技术才真正开始进入专业领域。然而，当前大模型技术仍未能完全替代人类的作用，这个阶段的核心是通过人的思考与布局，实现智能和数字工具的协同合作，共同推动创作或其他任务的完成。

在我们实操的项目中涉及多个步骤和流程，每一步都需要与前后环节衔接，并创建大量文件，项目执行周期长且每一步都需要精密对接。当我们从全局视角审视项目效果时，会发现智能技术还不是全能的，至少在现阶段无法做到这一点。最直接提高效率的方法是，在不同阶段使用智能工具来提升各自的效率，最终实现整体的效能提升。

我们最终会发现，从最初的工具选型到执行过程中的决策，一切都依赖于我们的选择，而这背后则是我们作为专业人士所具备的判断力。

这一判断力来源于我们在日常生活和工作中的经验积累。我们经历职业训练，通过多次的实践和调整，逐渐培养出清晰的思维方式。就像我们常说的，做多了同类型的事，往往会具备更快的反应速度，而这种速度则是判断力的体现。

当你在某一领域积累了足够的专业能力，或者说通过大量实践验证了自己的专业性时，你和另一个没有同等专业能力的人，在面对智能生成的内容时，所做出的结论也会大不相同。例如，之前我们通过智能技术生成的思维导图，大家可以看到笔者对其进行了调整和优化。通过多年的经验积累，笔者在过程中培养的判断力使自己能够清楚地识别出思维导图中需要修改和完善的地方。

第 4 章 *Chapter 4*

项目策划是成功的第一步

我们常说"万事开头难"，项目管理同样如此，迈出的第一步至关重要。而优秀的策划正是确保这一步稳健的重要基础。人们常将文案与策划混为一谈，但事实上，即便是再出色的策划，也需要策划者将内心构想完整地表达出来，以确保所有参与者能够充分理解并完美配合。毕竟，策划是启程的第一步，而卓越的执行则是通向成功的关键。

过去，完成一份优秀的策划有许多方法论，其中最经典的是群体头脑风暴和个体头脑风暴。顾名思义，前者是通过集体的智慧共同出谋划策，而后者则是通过自我对话挖掘更深层次的见解。优秀的项目经理往往擅长个体头脑风暴，并且在项目关键决策的时刻，能够借助多种工具验证自己的思考，从而确保策划的科学性与可行性。

4.1 亿图脑图：AI 脑图提升项目策划效率

项目经理可运用的思考工具众多，其中思维导图（也称脑图）以结构清晰、逻辑严密的特点而备受青睐。通过绘制思维导图，项目经理能将自己的项目思考详尽记录下来，再进行复盘，从而获得全局视野。在推进项目细节时，基于已有的梳理，执行过程更为清晰，且能轻松掌握项目节奏。

前面笔者通过博思白板来作为完整项目案例的演示工具，如图 4-1 所示。但是博思白板是作为一款项目看板来呈现项目全视野的，对于项目经理个人而言，

在策划阶段更需要专门的脑图工具来全面整理对项目的思考。因此，本章将展示
如何使用亿图脑图 MindMaster 软件来完成案例演示，如图 4-2 所示。

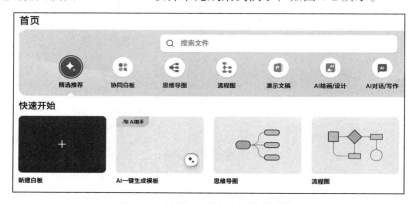

图 4-1　博思白板的思维导图功能

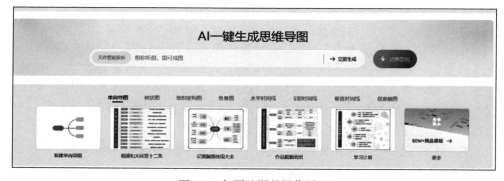

图 4-2　亿图脑图的操作界面

思维导图软件工具种类繁多，其中笔者使用频率最高的是亿图系列。无论是
撰写书籍还是进行项目管理，笔者始终坚持两个习惯：首先，通过思维导图软件
梳理出完整的结构框架；其次，搭建一个内容撰写的工具集，确保在需要时可以
立即调用，不需要再次下载，从而提高效率。

4.1.1　AIGC 快速梳理项目脑图

亿图脑图是国内最早整合 AIGC 技术的专业软件之一，标志着数字工具向智
能化的转型。在智能化之前，模板化是提升创作效率的重要途径。而 AIGC 技术
的加入，使得用户仅需输入几个关键词，便能迅速生成后续内容。

笔者只输入了"阅读类应用项目"七个字，就能在非常短的时间内生成阅读
类应用从需求分析到上线维护的整体思维导图，如图 4-3 ～图 4-5 所示。

图 4-3　AI 功能在首页非常明显

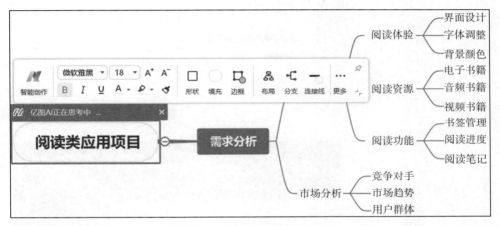

图 4-4　快速生成内容

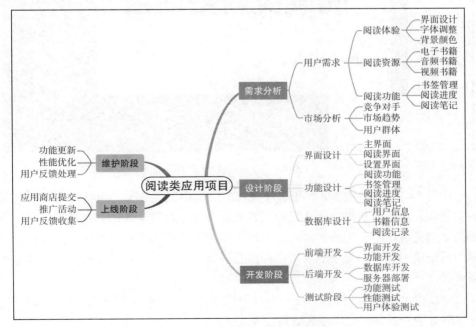

图 4-5　内容的生成速度以秒计

项目经理如果需要撰写演示文档与团队进行沟通，可以直接在软件中将生成的思维导图转化成 PPT，整个过程非常简单且快速，如图 4-6 ～图 4-8 所示。

图 4-6　思维导图转化成 PPT 的界面

图 4-7　生成的 PPT 封面

这份 PPT 文件共 22 页，几乎在极短的时间内就完成了，包括排版与美化等创作动作，从中我们可以清晰地看到智能化数字工具所带来的效率提升。这一简单的案例充分说明了随着智能化的发展，许多工作确实变得异常简单。甚至本案例中所生成的内容，对于要求不高的项目而言，已经可以作为成熟的作品或工作成果提交。

由此可见，AIGC 技术的进一步发展将对多个群体的工作方式产生深远影响，甚至对其职业发展的方向带来颠覆性变化。

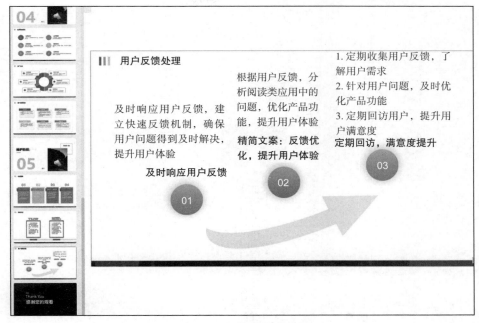

图 4-8　生成的 PPT 页面

4.1.2　项目经理进行架构优化

在前面的案例中，对于追求卓越的项目经理而言，图 4-5 所示的思维导图仍有许多细节需要进一步调整，以使内容更贴近实际项目，并增加对项目本身的深入思考。这种深入的思考能够充分体现项目经理的专业能力与丰富经验。

首先，项目经理需要进行自我梳理，搭建项目整体架构，明确执行节奏，并将全流程清晰地呈现给团队成员。

随后，项目经理引导团队围绕各个模块贡献自己的见解，从而使项目的细节更丰富地展现在团队的视野中。

如图 4-9 所示，通过项目经理的优化，思维导图不仅更加贴近实际需求，也更符合项目开展的具体情况。

为了使项目更具针对性，项目经理可能还需要在此思维导图的基础上进行进一步的优化与调整，以确保它在实际操作中能够更有效地指导项目的推进，如图 4-10 所示。

图 4-10 所展示的思维导图虽然基本完成，但仍有改进的空间。作为项目负责人，应尽可能详尽地列出各个环节的要素，以便呈现出一个完整且成熟的项目视图。我们将继续完善这张思维导图，以确保项目路径更加清晰，如图 4-11 所示。

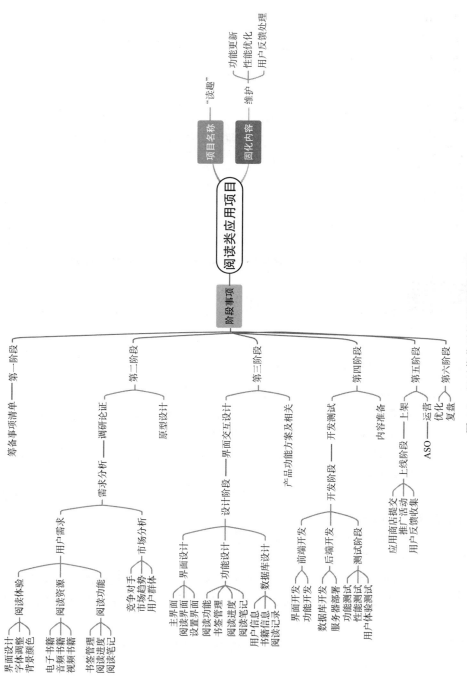

图 4-9 经过优化后的项目思维导图

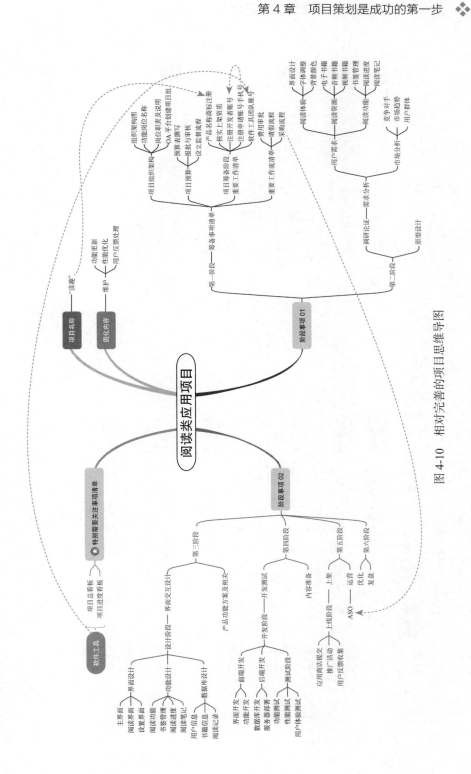

图 4-10　相对完善的项目思维导图

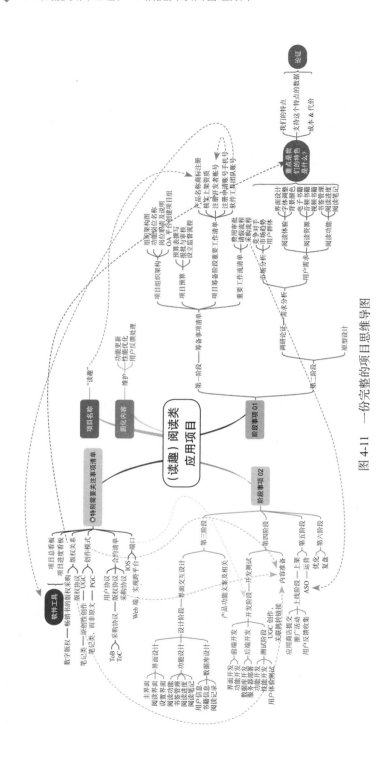

图 4-11 一份完整的项目思维导图

上述案例仅为了便于理解而设置，现实中，我们需要关注每个细节，并且使项目的所有要素都回归看板。图 4-11 所示的思维导图是项目负责人梳理后的结果，可作为重要参考，列入团队成员协同的总看板，如图 4-12 所示。而且，项目推进过程中，思维导图也需要随着项目的进展及时更新。

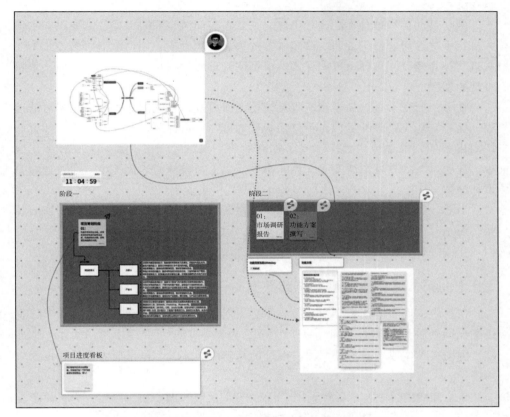

图 4-12　项目总看板上增加项目负责人梳理的思维导图

上面完成的思维导图是项目经理自我思考的一个成果。人们常说项目的成功是团队努力的结果，这固然正确，但项目负责人的视野与综合能力在很大程度上决定了项目的天花板高度，项目管理人员能否成功推动项目，关键在于能否成功地进行自我梳理。在这一过程中，思维导图也好，其他工具也好，不过是辅助项目经理自我思考的一种手段。重点在于项目管理人员需要知道自己的定位，能够站在全局的视角非常清晰地理解项目的结构与关键步骤，才能推动成员有条不紊地参与到各个环节的协作中，继而才能最大限度地保障项目的成功。

4.2　秘塔：智能化撰写项目方案

撰写贯穿于我们工作中的各个场景，良好的表达和优秀的撰写能力反映了一个人的逻辑思维能力，并且相较于口头表达的外部沟通，撰写更像是进行思考的自我练习。

撰写是项目经理日常的高频工作之一。在与团队沟通时，往往需要以文字形式进行表达，而非口头说明。许多优秀的项目经理倾向于用白纸黑字的方式阐述观点与补充建议，这样可以确保团队成员明确理解项目负责人的意图，而不依赖主观的理解。

如今，撰写工具极为丰富，各类模板触手可及，大大简化了格式化撰写的过程。随着智能化趋势的发展，不仅模板化的撰写变得便利，专业文献检索和行业特定内容的智能生成也让撰写几乎没有门槛。项目经理可以轻松上手标准化模板，快速撰写项目方案或专业文档，不再需要重新设计格式化范本。通过智能检索和辅助写作工具，案例、数据图表等内容均可迅速生成。

当然，要实现以上场景，项目经理需要在日常工作中不断积累工具的使用经验，通过反复应用和复盘，使软件工具逐渐适应自己的创作习惯。工具只有多用，才能得心应手。

4.2.1　通过 AI 检索获取灵感和数据

在国内，许多笔记类应用都集成了智能创作功能。即便是笔者在制作项目看板案例时所使用的看板工具（博思白板），也具备了智能撰写功能。这并不难理解，因为文本生成本身就是大语言模型的基础能力之一，也是最为普及的技术应用场景。

在之前的内容中，笔者曾利用 ChatGPT 工具来辅助撰写。然而，为了便于实际操作，本节笔者选择了本土工具——秘塔，作为项目描述内容的撰写工具。实际上，国内有很多类似的撰写工具，本书中的许多应用案例会涉及它们的使用，方便大家根据个人喜好与习惯选择最合适的工具。

如图 4-13 所示，秘塔系列写作工具主要提供四款产品，涵盖了撰写所需的四个功能：检索、撰写、校对、翻译。秘塔主要适用于 Web 端，当然，在移动端（包括小程序）和 PC 端，甚至常见的浏览器、文档软件中，秘塔工具都可以以插件形式嵌入，实现全场景的使用。此外，秘塔还推出了专门面向法律行业的大语言模型产品，提供智能辅助功能，如图 4-14 所示。

我们使用的第一款工具是秘塔 AI 搜索，主要用于方案撰写的准备阶段。这款工具能够通过全网检索，帮助用户找到最佳的参考方案，尤其是在撰写门槛较高且专业性要求较强的方案时，秘塔 AI 搜索包括三个级别：简洁、深入、研究。其中的研究级别搜索可以有效解决项目经理的燃眉之急，如图 4-15 所示。

图 4-13　秘塔系列写作工具页面截图

图 4-14　秘塔面向法律行业的大模型产品

图 4-15　秘塔 AI 搜索

在本案例中，项目经理需要向公司管理层提交一份关于开发阅读笔记类应用的方案，以推动项目进度。撰写此类汇报型方案时，数据尤为关键，特别是市场规模、盈利能力等方面需要详细描述。这些信息的准确性与全面性对于公司管理层批准项目并投入相应人力和资金起着至关重要的作用。因此，项目经理可以利用秘塔 AI 搜索获取相关资料，甚至找到成熟的项目方案框架，为方案撰写提供有力支持。在输入框中输入指令"阅读类应用方案"，秘塔会将搜索结果以方案的形式呈现，如图 4-16 所示。为了保证方案的专业性，笔者选择搜索范围为"学术"，如图 4-17 所示。

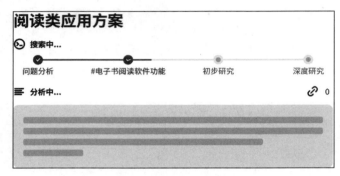

图 4-16　方案生成中

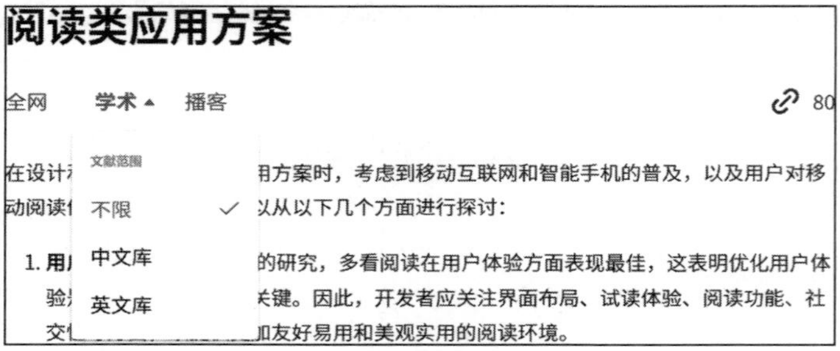

图 4-17　学术范围的方案生成结果

　　从结果可见，生成的内容非常详细，涵盖的维度全面，包括专业级别的文献引用，如图 4-18 ～图 4-21 所示。

　　综上所述，这份方案已覆盖各个模块的内容，几乎达到了成熟且专业的水平。在秘塔写作工具的帮助下，还可以实现辅助审阅、翻译等操作，全方位满足文案撰写的需求，如图 4-22 和图 4-23 所示。

　　完成上述内容后，我们需要将每一个关键动作以及生成的方案或结果，及时反馈到总项目看板上，这与项目管理的标准流程高度一致。为此，我们使用了博思白板工具，将刚完成的文档生成协同链接，并以卡片视图的形式展示在看板上。在本书的案例中，笔者会反复强调这一操作，目的是提醒读者在实际工作中将工具深度融入工作流程，以实现效率的真正提升。

事件名称	事件时间	事件概述
● 移动阅读类APPs现状与问题研究 ①	2015年01月15日	行业研究 随着移动互联网和智能手机的普及，阅读类 App 成为用户重要的入口之一，但存在管理不规范、内容同质化等弊端。
● 基于用户体验的手机阅读App创新研究 ②	2018年01月15日	技术创新 用户体验是提升移动阅读App用户体验的关键，通过情境访谈等方法提出改进建议。
● 基于Android的"社交+自适应推荐"阅读APP设计与实现 ④	2019年11月22日	技术创新 提出了一种新的设计方法以满足移动数字时代用户阅读过程中的社交、个性化需求。

图 4-18　方案中关联的文献引用模块

组织名称	概述
...er ②	科技/移动阅读应用 一款移动阅读应用，其界面布局、试读体验等方面优于其他应用。
阅读 ②	科技/移动阅读应用 在多个评价指标上优于××和×××阅读软件的移动阅读应用。
...indle ②	科技/电子书阅读器 亚马逊旗下的电子书阅读器和应用程序，以资源内容质量高著称。
...dio ④	科技/软件开发工具 一个开源的Android平台，用于开发各种移动应用程序。
卖书 ⑪	科技/图书信息服务 一个提供图书信息爬取服务的平台，用于实现个性化推荐。
...库 ⑯	研究机构/市场分析 提供移动阅读App用户规模增势变缓数据的研究机构。

图 4-19　方案中列举的竞品信息

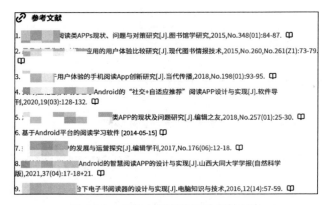

图 4-20　方案中引用的相关文献列表

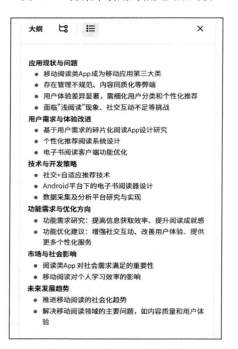

图 4-21　方案中包括的模块

图 4-22　对完成的方案进行二次编辑与排版等操作

图 4-23　对完成的方案进行校对与修订等操作

当协同链接显示在看板上时，项目管理人员只需打开链接，项目成员即可轻松参与后续的完善与优化工作。这种方式不仅优化了协同流程，还确保了团队成员对项目进展的实时掌握与参与，如图 4-24 所示。

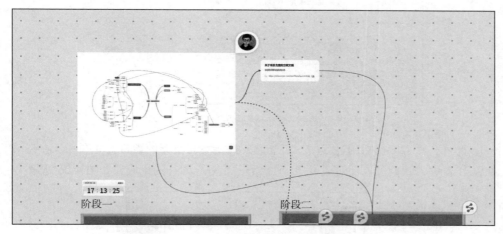

图 4-24　项目总看板上展示项目方案的链接

4.2.2　AI 协同搭建项目框架

前面我们通过秘塔生成了一份方案，但仔细推敲后发现其中仍存在许多不足之处，因为我们已经知道前置条件：**这是一份提交给公司管理层的方案**。也就是说，我们的核心目的是通过方案的展示与阐述，赢得管理层对项目的认可。

这意味着我们需要在方案中充分说明项目的可行性，尤其要明确项目成立的理由及发展前景。关键在于清晰地阐述该项目能够为公司带来的利益，同时说明所需的资金与时间成本。只有综合考虑这些因素，该方案才能称得上是完整的项目计划书。

有时，项目方案也被称为项目计划书，用于对项目整体进行全面描述。在项目后续运营中，随着用户增长、活跃度和营收数据等信息的增加，这份方案还可以作为融资或招商的依据。当然，在不同场景下，我们需要根据需求调整文件的格式。例如，在需要展示与演示的场合，PPT 格式更适合表达者的思路，便于讲解与互动。

接下来，我们将根据上述要求继续完善这份方案，也就是通过秘塔来辅助完成其他要素的撰写，使其更加符合实际需求并具备更高的专业性与说服力。例如，通过秘塔来辅助完成在线阅读用户群体分析，如图 4-25 所示。

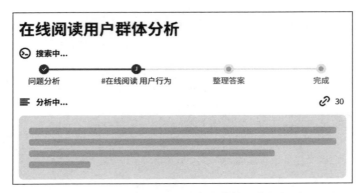

图 4-25　通过秘塔来辅助完成其他要素的撰写

此外，在方案撰写的过程中，可能需要插入不同类型的素材，如图片。在秘塔的工作台中，我们可以随时通过 AI 功能来完成对应图片的生成，如图 4-26 所示。

图 4-26　通过秘塔 AI 功能实现文生图

并且，在撰写大量文字的过程中，错别字或者用词不当的情况时有发生。这个时候我们可以通过秘塔 AI 功能来完成即时性的校对与审阅，如图 4-27 所示。

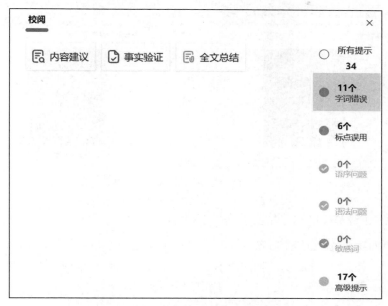

图 4-27　秘塔 AI 功能辅助校对与审阅

如图 4-28 和图 4-29 所示，秘塔提供了多种文案优化功能。整体方案撰写完成后，我们可能仍对项目方案存在一定的疑虑，需要对整体内容进行修改或调整。经过对比阅读，如果项目经理认为修改后的版本更为优质，就可以选择一键替换来完成内容更新。当然，也可以选择部分替换或针对性修改。这样一来，方案的框架和内容就能在 AI 的辅助下顺利完成。同时，可以借助 AI 功能直接进行阅读、翻译等具有一定专业门槛的工作。

图 4-28　秘塔提供了多种文案优化功能

通过上面的案例我们可以看到，一款优秀的撰写工具不局限于生成内容，更关键的是结合撰写者自身的优势，提供灵活的辅助功能，如素材提供、翻译、校对等。在统一的视角下，这些工具能为撰写者提供必要且及时的帮助，这正是它们的真正价值所在。

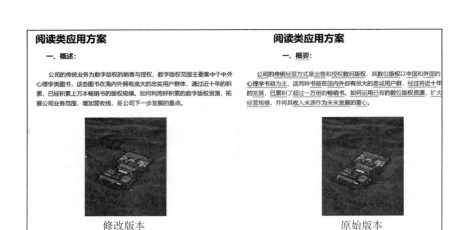

图 4-29　修改版本与原始版本的对比

4.2.3　AI 评估并优化项目方案

完整的项目方案撰写完成后，我们可以借助 AI 交互的功能对整体方案进行综合分析，如图 4-30 所示。通过这种分析，项目经理可以提前评估方案的质量，并明确其中仍需调整和优化的内容，如图 4-31 所示。

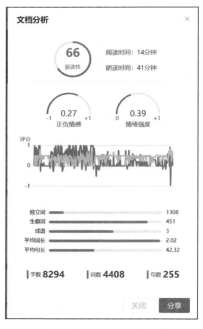

图 4-30　AI 功能对整体方案进行综合性分析

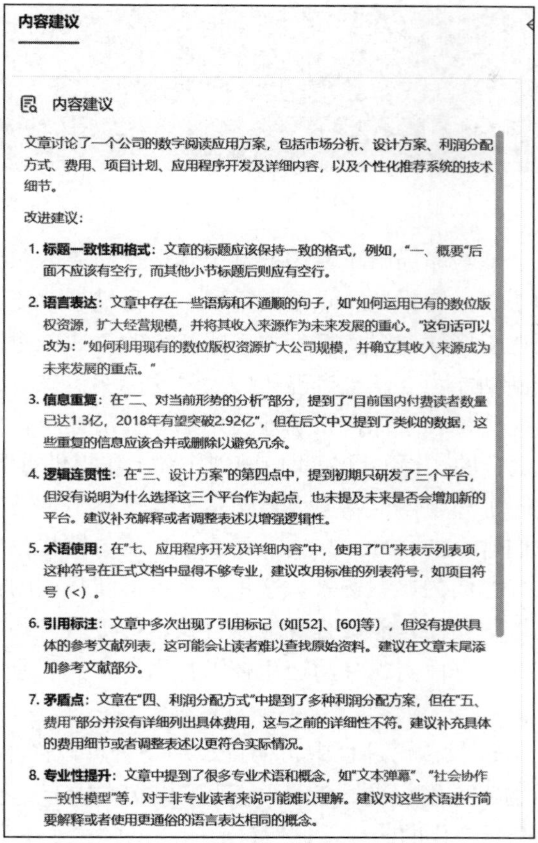

内容建议

内容建议

文章讨论了一个公司的数字阅读应用方案，包括市场分析、设计方案、利润分配方式、费用、项目计划、应用程序开发及详细内容，以及个性化推荐系统的技术细节。

改进建议：

1. **标题一致性和格式**：文章的标题应该保持一致的格式，例如，“一、概要”后面不应该有空行，而其他小节标题后则应有空行。
2. **语言表达**：文章中存在一些语病和不通顺的句子，如“如何运用已有的数位版权资源，扩大经营规模，并将其收入来源作为未来发展的重心。”这句话可以改为：“如何利用现有的数位版权资源扩大公司规模，并确立其收入来源成为未来发展的重点。”
3. **信息重复**：在“二、对当前形势的分析”部分，提到了“目前国内付费读者数量已达1.3亿，2018年有望突破2.92亿”，但在后文中又提到了类似的数据，这些重复的信息应该合并或删除以避免冗余。
4. **逻辑连贯性**：在“三、设计方案”的第四点中，提到初期只研发了三个平台，但没有说明为什么选择这三个平台作为起点，也未提及未来是否会增加新的平台。建议补充解释或者调整表述以增强逻辑性。
5. **术语使用**：在“七、应用程序开发及详细内容”中，使用了“口”来表示列表项，这种符号在正式文档中显得不够专业，建议改用标准的列表符号，如项目符号（<）。
6. **引用标注**：文章中多次出现了引用标记（如[52]、[60]等），但没有提供具体的参考文献列表，这可能会让读者难以查找原始资料。建议在文章末尾添加参考文献部分。
7. **矛盾点**：文章在“四、利润分配方式”中提到了多种利润分配方案，但在“五、费用”部分并没有详细列出具体费用，这与之前的详细性不符。建议补充具体的费用细节或者调整表述以更符合实际情况。
8. **专业性提升**：文章中提到了很多专业术语和概念，如“文本弹幕”、“社会协作一致性模型”等，对于非专业读者来说可能难以理解。建议对这些术语进行简要解释或者使用更通俗的语言表达相同的概念。

图 4-31　AI 功能对方案提供非常具体的建议

除了借助 AI 功能进行智能化评估，在项目方案撰写完成后，评估其质量的最后一步就是给自己讲一遍。这样一方面能加深对内容的记忆，另一方面也能自我确认方案的准确性与可行性。毕竟，项目经理主导这一项目，首先需要自己确认其内容的有效性，然后团队执行人员才能顺利推进后续工作。

4.3　AIGC PPT：从文本到演示文稿的智能化步骤

2024 年 5 月，OpenAI 发布了 GPT-4 的迭代版本 GPT-4o，如图 4-32 所示。从单一的文生文到如今的多媒体内容生成，大模型技术已经迈入关键节点，而我们强调的是如何让前沿技术融合到我们的日常之中。因此，本节我们继续通过应用实践来拓展 AIGC 技术在实际工作中的落地。

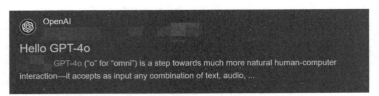

图 4-32　GPT-4o

　　大模型技术的价值绝非局限于使用智能工具进行简单的对话或聊天，而是帮助用户完成完整的工作内容。这一点至关重要，也是笔者反复强调与实际场景深度结合的原因。相比于网络上对大模型技术的夸大吹捧或刻意贬低，我们更需要具备识别和理性判断的能力。从笔者经历的大量实际案例来看，大模型技术确实带来了显著的价值，关键在于如何正确地使用这些前沿技术，并在熟悉它们的过程中将技术定位于适合的位置，以为我们的创作和工作提供重要支持。

　　项目经理在实际工作中需要撰写大量文本，其中有不少需要转化为演示文稿的形式，也就是我们常说的 PPT。从文本到演示文稿的转化，实际上是一段简短的工作流，也是工具协同的典型场景。这正是笔者不断强调的：**将技术深度融入工作流中**。只有这样，我们才能更直观地体会技术的价值，并在这个过程中做到熟悉技术、理解技术，进而实现灵活运用技术，用技术为职业成长赋能，提升职业竞争力。

　　从文本到演示文稿的转化过程中，项目经理是否可以简单地让 AI 完成所有步骤？例如，只需输入方案标题，让 AI 自动生成文本内容，并直接转化为演示文稿。对于这种完全自动化的流程，显然目前的 AIGC 技术还不够成熟。

　　现阶段更像是人工与智能技术的融合阶段，那些能够正确使用智能技术提升工作效率的人，才是享受到智能红利的群体。以笔者此前演示的从文本到演示文稿的过程为例，使用了亿图脑图这款软件，我们可以将整个流程拆解为以下几个关键环节：

　　①**从文本到思维导图**：这个过程的准确率较高，执行起来也相对简单。

　　②**调整生成的思维导图**：根据实际需求和项目特点对思维导图进行调整。这一步尤为重要，直接决定了 PPT 内容与模块是否符合项目经理的实际需要。

　　③**根据思维导图生成 PPT**：利用调整后的思维导图生成初版 PPT。

　　④**对生成的 PPT 进行美化**：优化排版、视觉效果和整体呈现质量，确保内容更具吸引力。

　　根据笔者的实际测试，这种方法能最大限度地接近实际需求，而通过输入一个标题或指令一次性生成完整演示文稿，目前的智能技术仍不成熟。

思维导图的结构可以看作一个文档清晰的上下文框架，完整且清晰的结构有助于智能技术更好地理解文档层次，并以此为基础生成较为成熟的 PPT。在从文本到演示文稿的转化过程中，目录或大纲是关键环节。目录或大纲与思维导图的结构极为相似，二者均为成功生成演示文稿的重要基础条件。

4.3.1　去 Office 化的 AI 办公软件

为了方便读者使用，本书中的大量案例尽可能通过本土化软件来实现。一方面，本土化软件在下载和使用上更加简单便捷。另一方面，许多带有 AI 功能的软件在长期使用时往往涉及支付问题，而本土化软件在这方面具有天然的成本优势。

在办公软件领域，一直存在去 Office 化的趋势。这一趋势的出现，一方面得益于国产软件的崛起；另一方面，数字化浪潮下对效率的追求促使许多企业和个人选择更为简单的协同方式。在这样的背景下，像腾讯文档等协同笔记类软件成为了新的选择方向。这类软件将多种功能集于一体，逐渐成为笔记类软件的迭代方向与发展趋势，如图 4-33、图 4-34 所示。通过智能化技术的应用，这类软件不仅解决了用户集中操作的需求，还显著减少了跨软件切换所浪费的时间。

图 4-33　一款软件中的多个功能

通过上述内容，我们可以得出两个重要的结论：

❑ 笔记类软件不再是单纯的文档处理工具，而成为一种组合工具，用户可以在其中完成各种文档格式的创作、阅读甚至修改等工作。

❑ 笔记类应用已进化为功能强大的创作平台，能满足大量其他方面的处理需求。例如，用户可以直接修改文档中的素材，尤其是图片；也可以即时插入所需的音频素材，提升文档的多媒体表现力。

图 4-34 集成式的工作平台

类似的情况几乎出现在所有笔记类应用中。在这一发展阶段，综合考虑软件安装大小、操作步骤等因素，笔记类应用在某种程度上已经超越了传统 Office 办公软件的效率。这种趋势对于项目经理或其他职场人群而言尤为重要，因为它不仅提升了工作效率，还优化了创作和协同体验。

4.3.2 腾讯文档：对话生成新 PPT

我们以腾讯文档为案例工具，探讨笔记类应用与智能技术的结合，以及这种结合对于效率的影响。

1. 从文本到 PPT 的智能化生成

笔者选择了一份过往的文档，在对其进行架构优化和排版后，通过腾讯文档智能助手的辅助，完成了一份 PPT 的制作，如图 4-35 ～图 4-37 所示。

大家可能会发现，这种以结果为导向的内容智能生成的流程，与我们日常与智能工具的聊天有所不同。实际上，这是智能助手通过多个步骤的训练，从而理解我们需求并做出正确反馈的过程。如果没有明确目标，那么交流会具有很高的灵活性和不确定性。就像在艺术创作领域，有些人天赋极高，在自由创作时能够产出优秀作品，但在框架限制下可能难以实现高度创新的内容输出。

图 4-35 将文档内容转化为 PPT

图 4-36 确认生成 PPT 的源文件

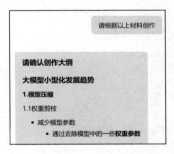

图 4-37 确认创作大纲

当成功利用文本生成演示文稿后，我们仍需要在过程中对智能工具进行适当调整和反馈，以确保生成结果的整体效果良好，如图 4-38 ～图 4-40 所示。

这便是从文本到演示文稿的完整生成流程，高效且便捷。这显然得益于 AIGC 技术的发展。在过去，这种效率是难以想象的，通常无法在短时间内完成这样一份 PPT。

图 4-38　确认生成演示文稿所需要的模板

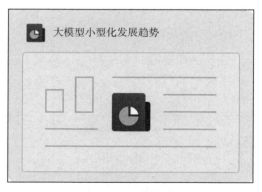

图 4-39　生成的演示文稿（1）

图 4-40　生成的演示文稿（2）

2. 演讲备注的智能生成

我们在日常使用演示文稿时，有时需要讲解或表达大量知识内容，通常会在页面下方添加备注信息。在 PPT 播放时，演示者可以通过播放端看到这些备注，避免遗漏重要内容。当腾讯文档的 AI 功能生成演示文稿后，会生成一个可独立打开的文件。打开文件后，这一 AI 工具会弹出提醒，询问是否需要添加演讲备注内容，或者直接向该 AI 工具输入相关需求，如图 4-41 所示。

当演讲备注生成后，可以一键完成该备注内容的添加。这种生成方式并非简单地将备注附加到单独页面下，而是通过 AIGC 技术，智能地将备注内容自动适配到对应的页面中，如图 4-42、图 4-43 所示。

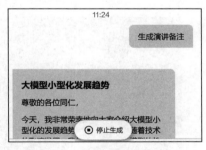

图 4-41　生成演讲备注

这份演示文稿可以称为 AIGC PPT，因为它几乎完全是智能生成的。如果仅仅作为个人创作，这种智能化的体验与交互的突破可能显得没有特别重要。然而，当项目经理完成这份文档后，需要与团队成员沟通时，可以直接点击腾讯文档中的"腾讯会议演示"按钮，快速进入腾讯会议进行团队演示，从而实现无缝的团队协作，如图 4-44 ～图 4-46 所示。

图 4-42　页面提示插入备注成功

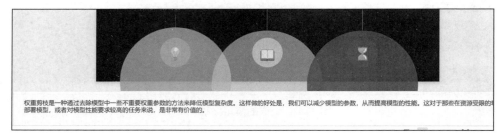

图 4-43　完成备注内容的适配

图 4-44　生成的演示文稿可以通过在线会议软件进行演示

图 4-45　进入腾讯会议的演示界面

如图 4-45 所示，对于智能生成的备注内容，系统已将其自动同步并适配到腾讯会议的相应界面中。

如果演示文稿的版式或其他细节仍需调整，依然可以一键完成优化，如图 4-46 所示。这种高效的创作与协作方式，充分体现了 AIGC 技术在现代办公场景中的实际价值。

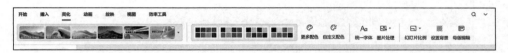

图 4-46　更加丰富的一键优化工具

3. PPT 演示的模拟训练

我们常常看到各大品牌的发布会上，主持人轻松驾驭众多参数与内容，令人惊叹。事实上，主持一场大型发布会与开展一个项目介绍会的流程是类似的。虽然前者面对的是更大规模的人群，但两者追求的目标是一致的：都需要获得观众的认可，并争取到最大力度的支持。

在演示一份精心制作的 PPT 之前，项目经理需要进行大量的练习。经历反复讲述，能够发现比书面表达时更多的不足，因为撰写时的表达逻辑与讲述时的逻辑存在较大差异。在讲述内容时，项目经理能更清楚地感知自己的讲述是否流畅，是否存在不必要的术语，关键知识点是否突出，以及节奏是否得当。最重要的是，项目经理需要在有限的时间内准确、简洁地传达重要信息。

4.4　智能甘特图：比你想象的更加便捷

甘特图的应用非常广泛，通常在多个项目并行推进时都会使用它。但甘特图也存在一些局限性。例如，在具体到某个员工时，难以及时反馈其工作进度，导致无法准确地反映细分模块的进展。传统的甘特图更像是一个中控室，将多点的进度汇集到一个点上，再从该点集中呈现整体进展给团队成员，如图 4-47 所示。

传统甘特图是一种由信息化技术发展带来的项目辅助工具的形式，但随着移动化、数字化的到来，无论是企业还是项目负责人，对于数据的需求已从静态走向动态。即在项目执行过程中，数据需要实时更新并呈现，并通过点与点的连接，形成协同网络。这一需求促进了像 OKR 这样的管理策略的流行。

博思白板中的项目进度看板算是一种对甘特图的创新和升级，但作为一款呈现管理视野的工具，它也难以实现成员之间及时更新信息并进行工作协作，以及让项目管理人员或公司管理人员及时看到项目的各项进展。在这种情况下，替代性工具应运而生，最典型的就是 Worktile。

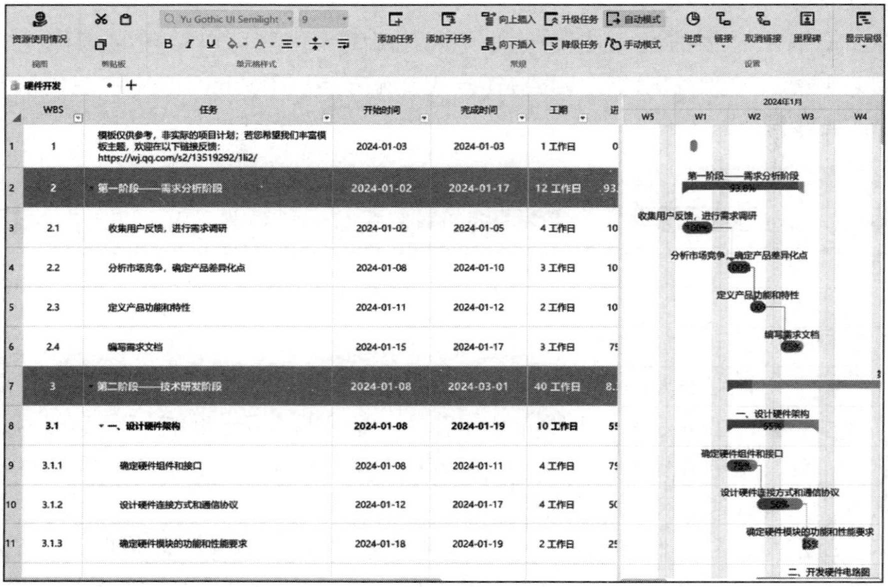

图 4-47　传统甘特图的样式

与其他类似的本土软件工具一样，Worktile 在某种程度上来说是趋势造就的。在移动化阶段，许多传统软件工具未能及时适应互联网行业的快速发展，而一些新兴的本土软件工具则敏锐地洞察到本土科技企业成长过程中的需求，并做出响应。本案例中使用的 Worktile 便是典型的依托本土优势成长起来的项目管理工具。

严格来说，像其他数字工具一样，Worktile 已经发展为集成式的项目管理工具，涵盖丰富的项目管理工具，如图 4-48 所示。

Worktile 中的甘特图已由静态变为动态，支持跨平台协同，包括但不限于提醒进行数据互通等操作，使在项目中多个子任务之间执行关联操作变得更加简单便捷。它具备前面提到的模板化操作等功能，与传统复杂且冗长的操作步骤相比，其使用门槛已降至几乎每个人都能通过简单学习轻松掌握的程度。Worktile 的模板功能体现在创建任务类型时可以直接选择预设模板，从而快速搭建基础框架。在具体内容的操作中，与传统甘特图需要完全手动配置不同，Worktile 展现了显著的智能化优势。例如，系统可以根据任务性质自动推荐相关模板，并在任务分解、依赖关系设定、进度预测等方面提供智能辅助。这种智能化不仅提升了操作效率，还降低了使用门槛，使用户能够专注于项目本身，而非烦琐的工具操作。

图 4-48　Worktile 集成了项目管理所需要的工具

　　甘特图在项目管理中的作用是将项目各模块的进展清晰呈现在看板上，也可以视为任务数据的可视化，如图 4-49 所示。

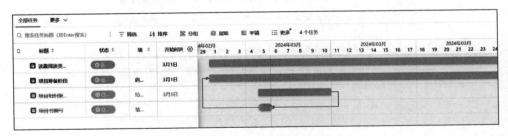

图 4-49　可视化项目各项模块进度

　　在过去，管理层的决策依据依赖于经验和资源形成的判断能力，而在信息化、移动化、数字化时代，数据成了重要的决策依据。特别是对于大规模企业组织和项目，只有将项目或企业组织的行为最大化地实现可视化，才能形成真正的数据决策依据。

　　这也解释了为什么许多企业在数字化时代选择转型为数字化组织。企业中的人员和事务通过数字平台实现在线化运营，确保能够准确反映各岗位的行为数据，从而帮助企业决策层或项目经理对企业业务或项目进展作出判断。而智能化则是在此基础上，通过提升效率来实现企业或项目运行的自动化程度。

当前，在人与智能技术深度融合的过程中，特别是在智能技术逐步替代部分人类角色的背景下，AI 技术已不再是可选项，而是必选项。否则，我们将难以与智能技术本身、使用智能技术的人群进行有效竞争。

4.5 人脑与智能协同的作品

前面的案例中，每一份通过智能生成的文档内容，都是人脑与智能协同的结果，并通过人的能力进一步优化，最终形成可以在实际中应用的文件。

当我们进行智能分析时，由于图片或文件的内容过多且结构复杂，智能工具可能会难以给出准确的答案。以一张复杂的思维导图生成的 PPT 文件为例，我们在豆包 AI 这个工具中输入这份内容较为复杂的 PPT 文件，并发出指令"请根据文件中的内容，提供下优化意见"，豆包 AI 的反馈如图 4-50 所示。

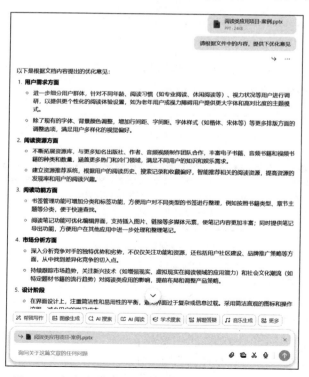

图 4-50 智能工具根据提供的 PPT 文件反馈优化意见

从上面的反馈来看，虽然是针对已经制作好的思维导图文件生成的建议，但让人觉得其中没有实际可用的信息。其实，我们可以根据智能工具生成的模块建议，调整思维导图的结构，并基于该结构让智能工具补充内容细节。这样一步步可以实现项目经理所需要的内容。

在这个案例中，即便在智能辅助的条件下，我们也需要通过人的判断力来识别智能工具生成内容的价值，并根据有价值的内容优化结构，再逐步生成其他内容，最终实现准确的内容呈现。这就是典型的人脑与数字脑协同的场景与案例。

4.6　第一堂实践课：思维导图可以更好看

回顾一下，前面展示的是一份成熟的项目方案从 0 到 1 的全过程，以及所使用的工具。在现实中，每个人会根据自己的习惯和喜好，拥有一套熟悉的工具体系。当然，作为前沿技术的大模型，其逻辑和应用场景对于所有软件工具都是相通的。对于项目经理来说，理解大模型技术，并能够在合适的场景中应用，进而提升工作效率，才是最终的目标。

同时，撰写项目方案的过程，也是项目经理重新梳理项目的重要过程。正如前面所述，我们可以借助前沿技术提升工作内容的质量。

大模型技术，现阶段还远未达到大家想象的万能状态，我们不能忽视其他技术带来的变革意义，尤其是在技术持续发展的背景下。任何新技术的发展与普及，都遵循着从点到面的逻辑和模式。今天可以通过大模型技术替代的工作内容，将逐渐扩展到更多领域。这也是我们需要关注大模型技术和 AIGC 技术发展带来的深远影响。

对此我们总结出如下经验：

①只有让 AIGC 技术融入我们的工作内容，并让工具之间形成协同，才能真正体现出效率的提升。

②只有通过不断实践，才能真正掌握 AIGC 技术的正确使用方法。

③一旦熟练且正确地使用 AIGC 技术，我们将拥有惊人的创造效率。

下面，我们将具体展示 AI 工具的实操过程。

前面所讲的思维导图的操作场景中，我们在智能技术的辅助下完成了内容创作，充分展现了高效率与高质量，如图 4-51 所示。

这张思维导图已经是完成度非常高的内容，但我们仍可以思考是否有进一步调整或优化的空间。例如，在样式美观度上进行升级。我们同样可以借助如 ChatGPT 等大模型产品，辅助完成思维导图内容的调整与升级。让 ChatGPT 根据图 4-51 生成调整建议，结果如图 4-52 所示。

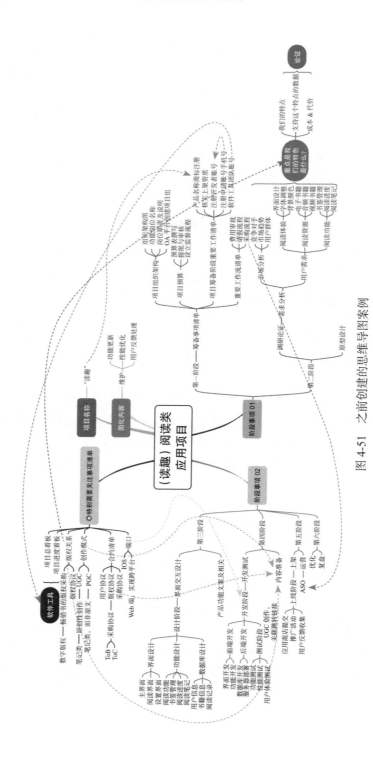

图 4-51 之前创建的思维导图案例

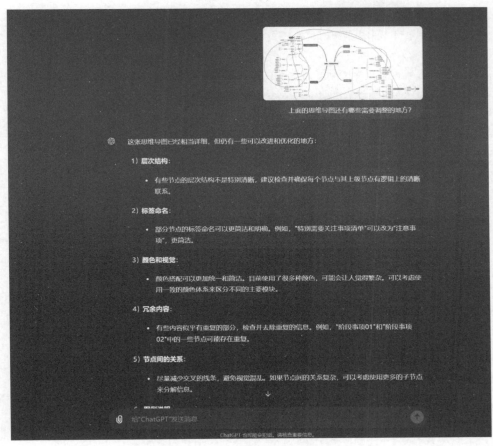

图 4-52　ChatGPT 生成的建议内容

　　查看生成的建议内容，我们发现它对截图中的思维导图内容的解析非常
到位：

这张思维导图已经相当详细，但仍有一些可以改进和优化的地方：

1）层次结构：

- 有些节点的层次结构不是特别清晰，建议检查并确保每个节点与其上级节点有
  逻辑上的清晰联系。

2）标签命名：

- 部分节点的标签命名可以更简洁和明确。例如，"特别需要关注事项清单"可
  以改为"注意事项"，更简洁。

3）颜色和视觉：

- 颜色搭配可以更加统一和简洁。目前使用了很多种颜色，可能会让人觉得繁杂。可以考虑使用一致的颜色体系来区分不同的主要模块。

4）冗余内容：

- 有些内容似乎有重复的部分，检查并去除重复的信息。例如，"阶段事项 01"和"阶段事项 02"中的一些节点可能存在重复。

5）节点间的关系：

- 尽量减少交叉的线条，避免视觉混乱。如果节点间的关系复杂，可以考虑使用更多的子节点来分解信息。

6）图例说明：

- 添加图例或说明文字，帮助读者理解各颜色和线条的意义。

具体调整建议：

- 项目名称节点：可以合并相关子节点，使结构更加简洁。
- 固定内容节点：可以更具体一些，例如明确指出哪些功能需要优化。
- 阶段事项 01 和阶段事项 02 节点：可以进一步细分，并避免交叉引用，保持每个阶段的事项清晰分明。
- 特别需要关注事项清单节点：放在更显眼的位置，确保所有重要的注意事项一目了然。

通过这些调整，可以使这张思维导图更加清晰、易读，信息传达更加有效。

实际上，提到让思维导图更加美观，包含两个方面：

❏ 内容的层次性：内容需具有极强的可读性。有时，我们看到一张思维导图，第一眼觉得赏心悦目，其实是因为该内容质量很高，逻辑清晰且层次分明。

❏ 样式与美观度：这一点较为直观，可以通过颜色搭配实现美观效果。此外，思维导图不必局限于常见样式，还可以设计其他创新形式。

而需要注意的是，思维导图设计中，内容的重要性高于样式和颜色搭配。在我们日常见到的许多思维导图案例中，有些尽管外观精美，但深入查看内容却索然无味。因此，必须明确思维导图的核心是辅助思考和创作，而非艺术设计。创作结果的质量应是首要关注点，艺术创意则是次要考量。这是非常重要的前提，切勿本末倒置。

我们接下来根据 ChatGPT 的建议来优化下案例中的思维导图，如图 4-53 所示。

最终呈现的思维导图整体更加简洁清爽，结构更加清晰，具备更高的阅读性。

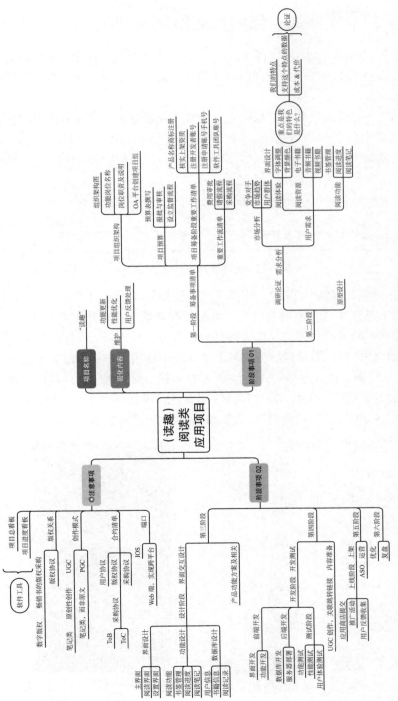

图 4-53　调整后的思维导图

4.7　第二堂实践课：亿图智能绘制模型图

前面我们通过 ChatGPT 的建议对原有思维导图进行了优化，本节将进一步探讨智能技术在思维导图中的应用所带来的效率提升。本次使用的思维导图软件是亿图脑图。

正如笔者之前提到的，在数字工具集成化的趋势下，许多专注于细分领域的软件正逐步走向更加集成化的方向。例如，亿图脑图增加了智能工具后，我们发现其功能更加全面，不仅可以处理文本内容，还能生成图片素材，如图 4-54 所示。

图 4-54　亿图脑图中的 AI 工具箱

在细分领域的数字工具中，用户习惯于使用专门领域的专业功能，但即使是思维导图工具这样需求明确的软件，也时常有处理文本创作和图片素材的需求。有了智能技术的支持，我们现在可以直接在数字工具内部完成这些任务，而不必再依赖跨软件协作。图片素材生成是思维导图中使用频率最高的需求之一。举例来说，进入亿图界面，选择"AI 绘画"功能，进一步选择"通用模型"选项，然后在输入框输入图片描述，如"移动应用软件的操作界面"，并且按需选择图片参数，如"9:16（竖版）""高清"，效果如图 4-55 和图 4-56 所示。

图 4-55　图片素材生成的操作界面　　图 4-56　生成的图片素材可以快速融入项目内容中

　　如今，生成传统的模型思维导图已经变得非常简单，只需输入简单的文字指令即可生成相应内容。例如，进入亿图软件界面，能看到明显的"一句话生成思维导图"的功能入口，如图 4-57 所示。点击进入该功能界面，在输入框中填写"生成一份项目经理岗位说明书模型"，如图 4-58 所示。亿图 AI 开始生成相应的思维导图模型，效果如图 4-59、图 4-60 所示。

图 4-57　"一句话生成思维导图"的功能入口

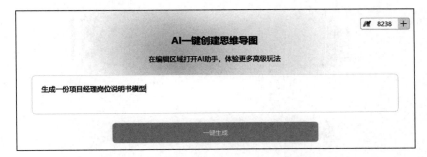

图 4-58　通过输入文本指令指导 AI 生成内容

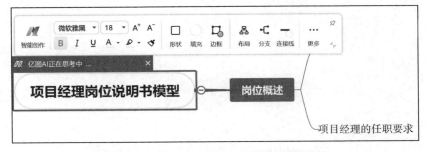

图 4-59　通过 AI 工具来生成思维导图模型

　　智能技术的效率提升大幅降低了用户的使用门槛。对于经常使用思维导图软件的用户而言，可能难以明显感受这种效率的意义。然而，将视角放在新手或初学者身上，这种效率带来的优势便尤为显著。如今的生成式人工智能对于新手而言是一个强大的综合效率工具。

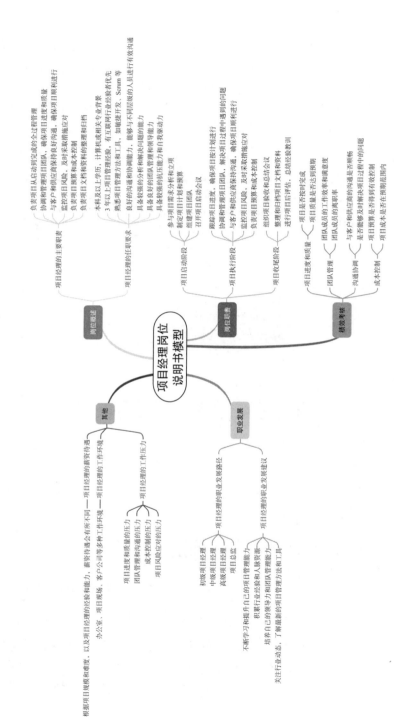

图 4-60 AI 工具生成的完整思维导图内容

　　智能技术带来的另一个改变，是对于演示的场景——从输入文本指令生成思维导图，到形成 PPT 大纲内容，再转换为 PPT，满足一站式生成的需求。这种关联式生成的应用场景充分体现了智能技术的潜力，如图 4-61 和图 4-62 所示。

图 4-61　生成 PPT 之前挑选模板

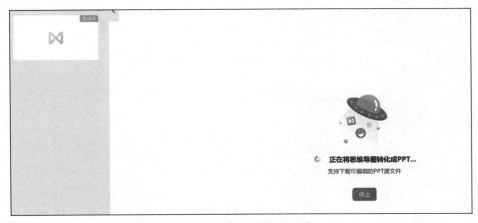

图 4-62　PPT 生成中

　　此外，我们也可以通过亿图脑图工具的智能功能直接创建 PPT 文件，如图 4-63 ～图 4-67 所示。

图 4-63　智能生成 PPT 的选择页面

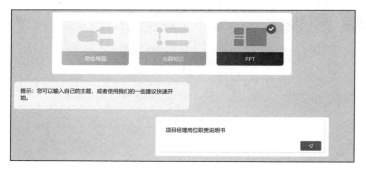

图 4-64　在 AI 功能的操作文本框中输入文本指令

图 4-65　生成大纲内容

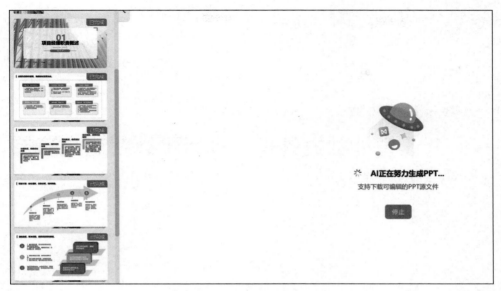

图 4-66　PPT 生成中

图 4-67　可以随时调整 PPT

亿图脑图工具与智能技术的结合，不仅可以快速生成思维导图，还可以根据大纲内容生成 PPT 文件。通过亿图脑图工具提供的大量模板，用户能够创建更加丰富多样的思维模型，如图 4-68 所示。

图 4-68　亿图脑图的模板库

智能数据处理：项目预算就这么简单

数据是非常重要的生产力，这一点在数字化时代以及如今的智能化阶段已经得到了充分证明。当前的大模型技术发展高度依赖于大数据资源，各大头部科技公司已经将数据资源列为核心竞争力之一。

在项目管理中，项目成本估算、竞品调研、用户运营等各个环节都需要数据作为关键支撑或重要依据。本章将通过 AIGC 工具辅助完成项目预算的制定及其可视化呈现等工作。

5.1　预算工作的挑战

预算制度是几乎所有公司决策流程中的重要环节，尤其在大型组织中，其作用性更为显著。在项目发起过程中，预算及其详细制表内容甚至决定了项目能否正式立项。

然而，项目预算的通过并不意味着预算工作的结束。预算贯穿项目从启动到完成的全过程。项目正式开始后，各项成本支出都需要以预算数据为依据。如果实际支付成本远超预算数据，则需要接受严格的审核，而审核的工作量会因公司规模和项目大小而有所不同。

因此，对于优秀的项目经理而言，做好预算工作是能力评估中的关键环节。

许多人基于经验或习惯性认知，认为预算只是与数据相关，或简单地将可能发生的费用罗列成表格。然而，这种看法过于简单，忽视了预算在公司制度中的重要性和复杂性。

我们需要将预算及相关工作视为一个整体，而非仅仅将其归结为表格制作。例如，仅成本费用的预估就不限于人员成本，还需要综合考虑项目运行所需的其他成本数据，包括硬件设备及其他相关支出。此外，还应考虑项目筹建阶段的隐性成本，如商标注册等费用。

更重要的是，预算中还需包含一项"可能发生的成本"。这部分内容虽然在预算中所占比例较小，但善于制定预算的人都明白，它往往决定了未来费用支出的灵活性。

这种兼顾全面性和前瞻性的预算制定能力，是一名优秀项目经理不可或缺的素质。

预算工作中，我们经常会遇到以下几个方面的挑战：

❏ 整体性：项目经理制作项目预算时，首先需要具备项目全局视野，只有这样才能考虑到各项细节，因为预算中的每一项费用都事关项目运用工作的开展；其次，做过项目预算的人都知道，对未发生的事情进行评估存在非常大的不确定性——预算过低可能影响项目推进，预算过高则可能导致项目立项无法通过。

❏ 结构性：并非所有人都能理解冗长的数据。因此，在制作预算表时，作为负责人需要将预算内容清晰层次化、结构化，使得即便是外行人也能一目了然地理解数据，尤其是重要数据。这不仅有助于数据呈现的专业性，还能提升预算方案的说服力。

❏ 灵活性：预算制作是一项严谨而严肃的工作，但灵活性仍不可忽视。由于尚未发生的事项具有不确定性，可能带来数据浮动。因此，精准把握其浮动范围，合理预留弹性空间，是体现项目经理判断力的重要方面。

❏ 专业性：预算制作绝不是仅仅简单的数据填充，而是通过大量精准计算生成的结果。这要求项目经理具备一定的数据处理与分析能力，即便预算工作由他人负责，项目经理也需要能够对其进行准确的评估。

综上，一份优秀的项目预算表不是费用的简单罗列，而是对项目整体性评估的体现。通过清晰的讲解和数据分析，预算表需要明确展示项目开展的价值与意义，并合理解释各项成本，以获得公司决策层的认可与支持。

因此，无论项目方案撰写得多么出色，如果没有优秀预算工作的支撑，也难以获得组织决策层的全面支持。优秀的项目方案是项目立项的重要前提，而预算工作则是对其强有力的支持，两者密不可分，紧密相关。

在任何企业组织中，涉及人员、资金等方面的投入都需要经过严格的决策流程，而项目的立项或企业是否值得进行投入，除了通过项目计划书或方案论证其可行性之外，还需要对应的数据支撑。只有充分比较预估的收益与成本投入，才能提高决策层通过项目的概率。

因此，无论是创业还是企业内部的项目，项目预算的制定都是项目发起前的重要内容之一。项目经理在制定预算的过程中所需掌握的能力，对于后续的数据挖掘与分析同样至关重要。

5.2　数据的智能处理

在项目预算过程中，数据分析技术至关重要。随着生成式 AI 技术的快速发展，以项目预算制定为代表的数据工作正进入更加高效、智能的处理和决策阶段。这一变革不仅显著提升了数据整理与分析的效率，还通过智能化预测与建模，实现了更精准的成本估算和收益分析。

此外，生成式 AI 能够自动生成可视化报告、优化资源分配方案，并模拟多种预算情景，为项目经理提供全面的决策支持。由此，预算制定流程变得更加科学、灵活，不仅节省时间，还为项目成功奠定了坚实基础。

5.2.1　生成式数据分析技术

AIGC 技术从早期的文生文逐步发展到如今覆盖多个行业与领域，尤其值得关注的是其在行业中的实际应用。即便是简单的文生文技术，也从生成简短的对话内容，升级到能够生成结构化的专业内容。前面笔者通过大家容易获取的软件工具演示了相关案例，而近期发布的 GPT-4o 版本更进一步降低了应用门槛。大家可以在网络平台上看到大量的人机交互视频，这些都证明了技术在应用中的广泛性和潜力。

通过观察，我们能发现一个有趣的现象：技术普及与应用的速度往往远快于人们对技术发展阶段的感知。这种差异导致了许多人在对技术感到好奇、将其当作科技资讯来消费时，却忽略了 AIGC 技术在现实中已经能够帮助我们完成许多任务的事实。这种忽视可能使人们对技术发展的实际环境保持盲目，甚至对因技术进步带来的后续影响感到迷惑和不解。例如，当我们展示 AIGC 技术在基础设计领域的强大生成能力时，对应岗位已经面临存续的危机，这类岗位必然会迅速减少。这种环境变化如果无法被及时感知，将对相关从业者带来巨大的冲击。

数据资产的重要性在数字化普及后越发突出。这并不是说之前的数据不重要，而是对大多数企业组织和个人而言，过去未经标准化处理的原始数据并不能算作真正有价值的资源。这一点很好理解。作为项目负责人，当负责用户运营的团队成员提供一份厚厚的数据报告，其中仅是清单式的数字罗列时，我们很难在短时间内做出有效判断。然而，如果这份数据报告包含了用户分析结果，例如清晰展现了用户的使用时长、活跃时间段、偏好等信息，就能真正成为决策依据。

随着数字化的发展，尤其是在大模型技术的加持下，中小微企业组织和个人拥有了更多的数据分析工具。这些工具响应速度更快，分析能力更强，使得数据资源第一次真正意义上得以普及和有效利用。

先来看一张表格截图，如图 5-1 所示。这是我们创建的一个演示项目"读趣"，该图显示了项目预算执行对比表。

序号	项 目	实际支出	预算支出	资金结余	报销金额	支出与报销差异	备注
	"读趣"项目2024年04月预算执行对比表						
	2024年5月5日						
	单位：元						
1	品牌物料采购		20,000.00	-20,000.00		–	
	电商成本费用小计	–	20,000.00	-20,000.00			
2	服务器		10,000.00	-10,000.00			
3	账号认证	689.00	2,000.00	-1,311.00	689.00		
4	知识产权		2,000.00	-2,000.00			
5	差旅费		4,000.00	-4,000.00			
6	办公用品		500.00	-500.00			
	日常经营费用小计	689.00	18,500.00	-17,811.00	689.00		
7	读趣1.5版本		10,000.00	-10,000.00			

图 5-1　"读趣"项目预算执行对比表（部分）

我们将整张表的截图发给 ChatGPT，借助智能技术对数据内容进行分析，并根据我们的需求输出对应的结果，如图 5-2 所示。

在非常短的时间里，ChatGPT 就完成了分析并生成了相关结论，如图 5-3 所示。

令人惊叹的是，在整个过程中，我们提供的是一张图片，而非直接输入表格或数字，这并未影响 ChatGPT 的快速响应能力。

接着，我们进一步提出新的需求，例如"根据上面这张图中的数据，能给予我什么样的建议？"结果如图 5-4 所示。

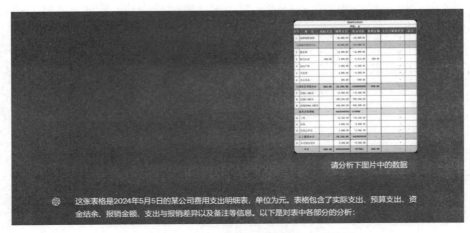

图 5-2　ChatGPT 分析项目预算执行表的截图

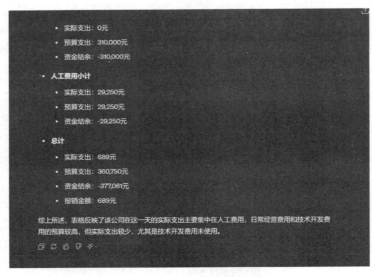

图 5-3　ChatGPT 输出的分析结果

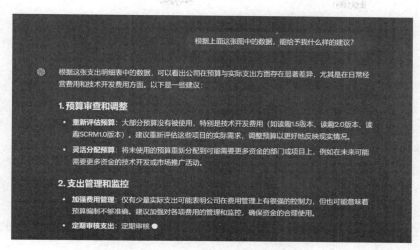

图 5-4　ChatGPT 给予进一步的反馈

从图中可以看出，ChatGPT 生成的内容在专业性和分析深度上，已超越部分专业数据分析人员。或者可以说，基于输入的图片，ChatGPT 的反馈质量已经超过大多数人的期望。

这些卓越的成果得益于 OpenAI 于 2024 年 5 月 13 日发布的新一代多模态大模型 GPT-4o，它已经支持文字、图像、语音和视频等多种形式内容的识别与生成，如图 5-5 所示。

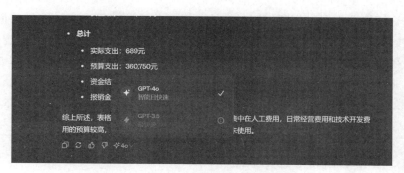

图 5-5　OpenAI 新一代多模态大模型 GPT-4o

5.2.2　让一切数据可视化

过去我们常提及职业门槛，每个职业都依赖于经验与技术的积累。以数据处理为例，海量数据对许多人而言显得复杂且冗长，但对于我们来说，可以借助各种工具快速处理这些数据，将其转化为简洁易懂的内容，并使其可视化，从而与他人高效沟通。

"可视化"是数字化转型过程中的常见术语，尤其是在数据处理中。在数据可视化方面，智能技术引发的变革尤为显著。

以同样的场景为例，当海量数据由智能技术处理时，你不再需要成为专业的数据分析师。智能技术的出现，使你不再需要手动处理数据，也无须学习复杂的数据处理软件或工具，更不用掌握多种不同的软件来满足数据挖掘需求。如今，只需输入简单的指令，智能系统便能快速给出答案。

而且，当前的数字工具已能够实现业务全栈式搭建，如果智能技术进一步覆盖所有环节，那么从数据获取到数据分析的全过程，都能以可视化形式展现在项目或企业决策层面前。

在智能化趋势下，可视化的意义进一步拓展，可能成为日常生活和工作的核心关键词。未来，可视化主要体现在以下几个方面及应用场景：

❑ **处理过程的可视化**：在从数据收集到数据分析的整个过程中，智能技术可以为非专业人士提供全面的数据解答，并根据需求生成相应的结果。

❑ **职业行为的可视化**：以企业微信、钉钉等数字平台为例，在企业授权后，组织内各岗位的行为数据可以存档。基于这些数据，智能系统能够直观呈现企业组织的整体状态，并根据管理层需求，提供有关岗位质量和绩效的反馈与分析。

实际上，在智能技术出现之前，我们的现实世界已实现了许多指标化和量化管理，这意味着大量数据都可以转化为标准化格式。然而在高效工具问世之前，我们难以规模化处理这些庞大的数据，尤其是在动态变化的情况下，捕捉数据并形成可视化结果更加困难。

智能技术的普及为我们提供了高效的工具，不仅能处理静态数据，还能捕捉并及时处理动态数据。因此，"一切可视化"将成为未来最为普遍的场景，无论是在工作还是生活中，都将深刻体现这一趋势。

5.2.3　智能动态的可视化数据

数字化转型阶段，我们经常会看到或者听到专业人士将数据分为"动态数据"和"静态数据"，这是全新的概念。

动态数据是中小企业在拥有可以动态获取全业务数据的数字工具之后产生的，而顾名思义，动态数据即即时生成或可以随时捕捉的实时数据，它更真实地反映着业务或者公司最新的运行状态。

静态数据，是阶段性沉淀的数据，这意味着无论是企业管理者还是项目负责人，他们所看到的静态数据是经过一段时间抓取生成的，而非最新的、即时生成的数据。而动态数据更具备商业价值，它更能反映企业或者项目正在发生的变化。金融行业就是非常典型的例子，大量的交易数据需要非常及时地呈现出来，因为哪怕仅仅相差几秒，所发生的变化可能也是惊人的。

1. 动态化的数据决策

项目决策或者公司组织决策，是需要根据项目内外部条件或者市场环境等因素的变化而及时调整的，竞争环境中唯一确定的就是变化。

过去的企业管理层或者项目负责人，非常依赖通过自己的经验积累来对一些变化做出判断，而这个判断难以寻找依据，存在非常大的不稳定性，因为过往的经验很难直接适用于每一个变化的场景。

从信息化开始，到移动化、数字化，我们获取的数据越来越接近真实的市场情况。在组织的决策越来越依赖数据的当下，基于智能技术这种可以辅助管理层或者项目负责人进行数据分析的前沿技术，动态化决策已经从想象进入现实。传统的企业级 ERP 或者 CRM 数字软件工具也及时跟进时代的发展，全面转型数智化，如图 5-6、图 5-7 所示。

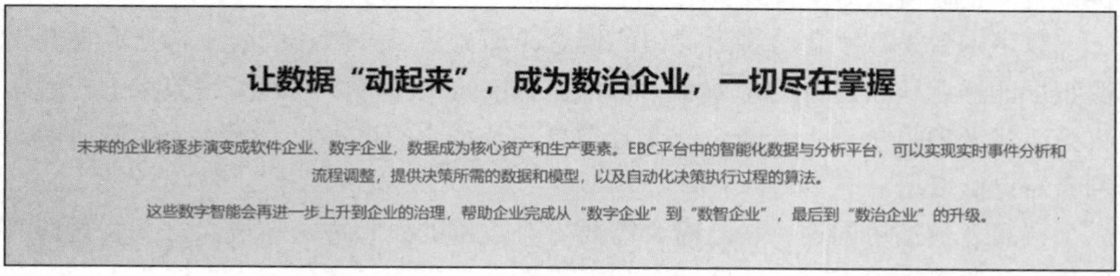

让数据"动起来"，成为数治企业，一切尽在掌握

未来的企业将逐步演变成软件企业、数字企业，数据成为核心资产和生产要素。EBC平台中的智能化数据与分析平台，可以实现实时事件分析和流程调整，提供决策所需的数据和模型，以及自动化决策执行过程的算法。

这些数字智能会再进一步上升到企业的治理，帮助企业完成从"数字企业"到"数智企业"，最后到"数治企业"的升级。

图 5-6　国内某头部 ERP 软件服务商官网截图

获取数智化解决方案

免费试用

图 5-7　国内头部 ERP 软件服务商提供数智化解决方案

从企业业务的前台到后端，正在通过数字软件实现一体化运营或者全数字化运营。如今在智能技术的支持下，ERP 能为企业管理层提供即时的可视化结果，如图 5-8 所示。

图 5-8 某 ERP 软件官网显示大模型技术被应用于其中

2. 协同的数据决策

数据协同，而非同步，强调的是状态而非简单的工作内容，这是理解数据协同场景的重要前提。从数据的视野出发，我们可以设想这样一个场景：任何一家数智化企业在全业务体系下，在从前台到后端的环节中，通过多个数字工具来完成各个业务模块的搭建，而不同模块在运行中产生的数据，可以通过数字工具，围绕整个企业组织的运行或者项目的运营而展开协同。

数字中台是数字化转型后提出的概念，即为了提升管理的效率包括业务对于决策层的透明化，提升管理效率，包括提升决策效率等。或者说，数字中台就是决策层或者项目负责人看清企业或者项目是否健康的可视化看板，为决策层做出判断而提供依据。

在展开数据协同这一场景时，需要先对数据的概念进行拓展。过去，数据的边界十分明确，而在进入数字化时代后，数字工具逐步替代了人在流程中的部分作用。无论是数字人还是数字企业，其名称的变化不仅体现了形态的不同，也反映了组织关系的演变。如今，企业所产生的数据量远远超过以往，需要适应更加复杂的应用场景，而数据本身已成为至关重要的要素。

例如，我们可以通过在线数据分析来评估一家企业的运营状态。精准的数据解析使企业的运营状况变得透明，几乎无法隐藏。其中一个显著变化是，我们如今谈论的数据已不再是孤立的，而是通过不同行为交叉产生的动态数据，而非静态数据。

如图 5-9 所示，我们可以清晰地看到数字组织所形成的数据流转过程。岗位实现数字化后，每一个 ID 在企业的数字中台中不再是独立存在的，而是出于工作需求不断与其他 ID 进行互动。不同 ID 之间的互动会持续产生动态数据，而所有这些变化都会直观地呈现在数字中台的看板上。例如，某个岗位每天的沟通频次、是否收到投诉等数据，都可以被精准记录和可视化。这种数据化的互动与沟通行为，在数据层面上可以被归纳和定义为协同。

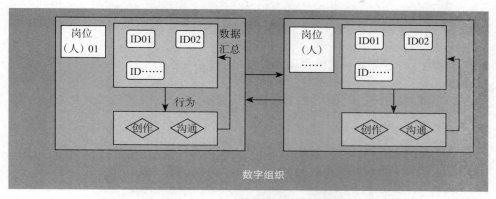

图 5-9　数字组织的数据产生图谱

数据协同体现为跨部门的协作成果。当借助数字工具完成协同时，项目或管理负责人可以在数字工具上清晰地查看详细的协作进展和结果。在数字企业中，协同数据已成为项目或管理决策的重要依据之一，如图 5-10 所示。

图 5-10　数字企业中的协同数据看板

当然，在今天数字化浪潮下，协同已经成为各个模块或者对象的重要关系，例如，我们经常提及的人员协同、设备协同、工具协同，最终反映到企业组织或者项目上则是数据协同，只有数据协同，才能为决策提供依据。

5.3　用 AIGC 工具制作预算表

多模态技术的发展，让大模型可以处理更复杂的内容，前面我们演示的通过一张带有数据的图片，让 ChatGPT 来进行分析并根据我们的需求进行反馈。那么，我们也可以尝试着让智能技术来辅助我们撰写预算表。笔者曾说过在标准化的工作内容中，智能往往做的要比人更好。

5.3.1　ChatGPT 梳理项目预算制作的要点

打开 ChatGPT，在输入框中输入指令内容"项目预算表如何做"，结果如图 5-11 所示。

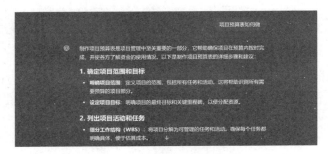

图 5-11　ChatGPT 输入指令后生成的内容（部分）

测试发现，ChatGPT 不仅能够生成结果，还能生成标准化的模板以及总结关键内容，如图 5-12、图 5-13 所示。

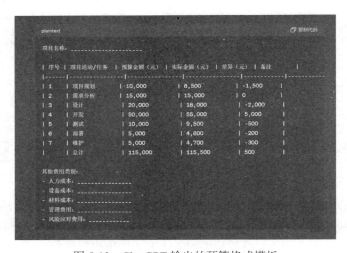

图 5-12　ChatGPT 输出的预算格式模板

关键点总结

- **明确范围和目标**：确保所有相关任务和费用都被考虑在内。
- **准确估算成本**：使用历史数据和市场调研，确保成本估算的准确性。
- **持续监控**：定期审核和更新预算，确保项目在预算内按计划进行。
- **沟通与协调**：与项目团队和管理层保持沟通，确保预算的合理性和可执行性。

通过细致的规划和持续的监控，项目预算表可以有效地帮助管理项目的资金使用情况，确保项目成功完成。

图 5-13　ChatGPT 总结关键点

指令生成的内容质量，通常会因大模型版本的不同而有所差异。以 ChatGPT 为例，在其版本迭代后，输入相同指令，生成内容的质量明显提升，如图 5-14 所示。AIGC 工具的快速更新，使其能够更有效地助力我们的工作实践。不过，其应用思路和方法基本一致。此外，仍然建议在借鉴 AIGC 生成内容的基础上，结合自身经验进行调整。

5. 制定预算表格

创建一个清晰的表格，列出所有费用项，并在表格中显示实际支出与预算金额的差异。以下是一个常见的项目预算表模板：

项目预算表模板

序号	项目名称	预算金额（元）	实际支出（元）	差异（元）	支出说明
1	人员费用	100,000	95,000	-5,000	项目经理及开发人员工资
2	设备采购	50,000	52,000	2,000	采购电脑和服务器设备
3	软件许可费	20,000	20,000	0	软件授权费用
4	外包服务	30,000	25,000	-5,000	外部咨询和开发服务
5	市场推广	15,000	14,000	-1,000	广告和市场活动费用
6	办公室租金	12,000	12,000	0	办公空间租赁费用
7	其他不可预见费用	10,000	9,000	-1,000	应急费用
	合计	**237,000**	**217,000**	**-20,000**	

图 5-14　新版本 ChatGPT 生成的内容（部分）

同时，不同版本的大模型产品所生成的内容也存在一定差异。例如，以近期流行的 DeepSeek 为例，输入与上述 ChatGPT 案例相同的指令，结果如图 5-15、图 5-16 所示。

7. 工具使用

- **Excel/Google Sheets**：适合简单的预算表。
- **项目管理软件**：如Microsoft Project、Jira等，适合复杂项目。

图 5-15　DeepSeek 生成的预算表制作步骤（部分）

示例预算表结构					
类别	子类别	预算金额	实际支出	差异	备注
人力成本	员工工资	$50,000	$48,000	$2,000	按计划进行
	外包费用	$20,000	$22,000	-$2,000	超出预算
物料成本	设备采购	$30,000	$28,000	$2,000	节省成本
	材料费用	$10,000	$9,500	$500	按计划进行
运营成本	办公场地	$15,000	$15,000	$0	按计划进行
	水电网络	$5,000	$4,800	$200	按计划进行
其他费用	培训费用	$5,000	$4,500	$500	按计划进行
	差旅费用	$3,000	$3,200	-$200	超出预算
总计		$138,000	$135,000	$3,000	

图 5-16　DeepSeek 生成的预算表模板

对比 ChatGPT 与 DeepSeek 的输出内容，不难发现，两者的生成质量相差无几，且都较为全面。对于初学者而言，这些内容可以在很大程度上提供有效参考，甚至部分内容可以直接应用到实际的项目运营中。

实践表明，ChatGPT 与 DeepSeek 生成的内容，能够帮助许多想要学习项目预算制作的人快速理解相关流程与标准，并利用模板完成预算表制作。同时，这类模板化内容几乎没有认知门槛，对大多数人而言都十分友好。当然，你如果已经具备一定的项目运营与管理经验，则可能会发现 AIGC 生成的模板仍存在一定的局限性。例如，如果你的行业属于服务业，那么你仍需要根据行业需求，对生成的模板进行优化。

我们可以先尝试利用 AIGC 工具生成一份通用模板，以适配大部分场景的需求。为了提升内容的生成质量，笔者在使用 ChatGPT 时，选用了推理功能，如图 5-17 所示。

图 5-17　选中推理功能

在输入框中输入指令"帮我生成一份通用预算表模板，适配大部分行业"，ChatGPT 生成的模板格式如图 5-18 所示。

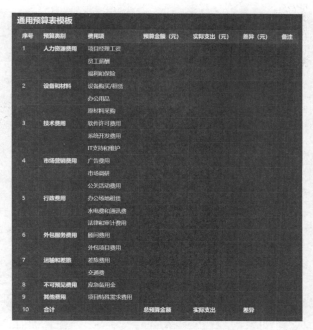

图 5-18　ChatGPT 初步生成的通用模板

　　但是，ChatGPT 生成的内容仍需要进行调整，才能成为一张真正通用的预算表模板。调整方式有两种：一是在生成内容的末尾，单击铅笔图标（见图 5-19），以在画布中进行编辑；二是将生成内容复制到表格制作软件中，再进一步优化。

图 5-19　在画布中进行编辑

　　笔者在表格制作软件中完成优化，结果如图 5-20 所示。

　　在日常应用中，需要根据公司内部制度进行相应调整。例如，在预算制度较完善的公司，部分类别的预算项可能需要制作对应的明细清单，并作为附表提交审核。例如：在"设备费用"中，如果 IT 预算涉及服务器租赁，则需要在附表中列出具体的租赁明细；在"素材版权费用"中，如果采购的素材类别较多，采购渠道较复杂，则有必要在附表中进行详细罗列。

　　总之，在项目运营与管理过程中，AIGC 工具能够极大提升效率，但仍需结合经验进行调整，以满足实际需求，同时兼顾公司制度与运营环境。如此才能真正发挥 AIGC 工具的价值，使其成为提升工作效率的有力助手。

某某项目预算表						
序号	预算类别	费用项	预算金额（元）	实际支出（元）	差额（元）	备注
1	人力费用	员工薪酬				
		保险				
		绩效				
		福利				
2	设备费用	办公设备				
		通讯设备				
		其他设备				
3	技术费用	软件许可费用				
		素材版权费用（含字体）				
		IT（服务）费用				
4	市场营销费用	宣传费用（含物料）				
		其他合作费用				
		公关费用				
5	行政费用	办公场地租赁				
		水电费和通讯费				
		办公用品				
		其他费用				
6	外包费用	顾问费用				
		其他费用				
7	差旅费用	住宿费用				
		交通费				
		餐费				
8	不可见费用	备用金				
9	其他费用	项目特殊需求费用				
10	备注	本项目预算支出与实际支出之间向上浮动 5%				
11	合计	总预算金额		实际支出	差额	
项目负责人		制表		审核	核算	

图 5-20　根据 ChatGPT 生成内容优化后的预算表模板

5.3.2　ChatGPT 处理多模态数据

我们对于数据的理解，不应该仅仅停留在数字上面，还包括文本、图片甚至视频等多模态数据。在前述内容中，我们让 ChatGPT 分析一张截图，尽管截图内容主要以数字为主，其中还包含品类等文本信息，ChatGPT 出色地完成了分析，并提供了高质量的分析结果。这充分说明，智能技术具备完整的数据处理能力。

　　那么，对于其他文件格式，如完整的 PPT 文件等，ChatGPT 或其他大模型产品是否同样具备处理能力？这种能力至关重要，因为它展示了 ChatGPT 和大模型技术在数据处理方面的广泛适用性。我们尝试将前面制作的项目 PPT 提交给 ChatGPT，使其进行分析并反馈建议，如图 5-21 所示。

图 5-21　将 PPT 提交给 ChatGPT

　　通过测试，我们发现 ChatGPT 很快给出了关于 PPT 文件的反馈，如图 5-22、图 5-23 所示。

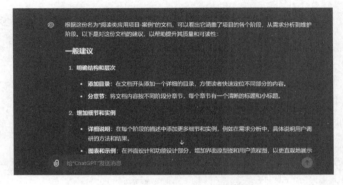

图 5-22　ChatGPT 给予的建议

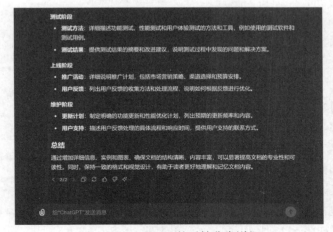

图 5-23　ChatGPT 的反馈非常详细

这个案例表明，ChatGPT 不仅可以处理文本和图片，还能够应对像 PPT 这样比较复杂的文件的分析和处理需求。在处理这些数据的过程中，它依然展现了强大的快速响应能力。

5.3.3 那些 AIGC 数据神器

数据处理工具，大家日常使用非常频繁，比如 Office 系中的 Excel 或者类似的数据处理工具。但是面对超大规模的数据进行商业分析，还是需要一些非常专业的数据分析软件工具，如 Stata、SPSS 等。问题在于这些数据分析软件对于普通用户而言，进入的门槛很高，难以让普通用户具备大数据分析的能力。

而在前面的内容中，笔者通过 ChatGPT 来进行数据分析的案例与应用场景，就非常适用于普通用户。除了高效与质量，更为关键的是能够快速普及，能够让普通用户无门槛地使用。

并非每个人都要成为非常专业的数据处理与分析人员，而是要能够借助 AIGC 工具来帮助自己具备数据分析的能力，以便在实际工作中及时通过数据来获得管理与决策的依据，而这些工具需要具备门槛低、使用简单等特点。针对项目管理与运营人员而言，完整的项目团队通常已配置相应的专业人员，因此无须额外增加重复性功能或岗位。然而，正如前面所强调的那样，项目管理人员若想成功驾驭项目，必须具备多样化的能力，其中数据分析能力尤为重要，而智能化工具则是提升这一能力的重要助手。使用国内本土 AIGC 工具进行数据分析的示例如图 5-24 所示。

随着大模型技术的发展，许多本土大模型工具已具备多模态技术能力，即能够实现多类型内容的分析与处理，并提供了多种体验方式，包括通过链接进行数据分析处理，如图 5-25 所示。

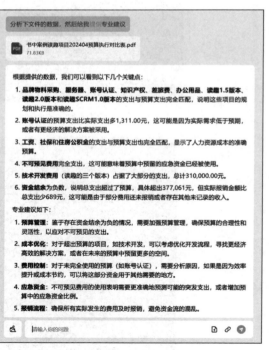

图 5-24　国内本土 AIGC 工具的数据分析能力

图 5-25　本土大模型产品支持以多种方式完成数据分析

鉴于上述需求特点，我们可以总结出这样一条指令：

数据分析软件与工具（包括在线工具）有哪些推荐？希望是操作简单的。

将其输入 DeepSeek，我们就可以获取一份数据分析工具的推荐列表。为了便于将 DeepSeek 生成的内容直接复制，可以进一步使用以下指令：

将上面一条内容优化成纯文本格式。

DeepSeek 生成内容如下：

一、可视化工具（无需编程）

1. Tableau Public（免费）

- 特点：拖曳式操作，支持复杂图表（热力图、地图、仪表盘）。
- 适用场景：快速生成交互式报表。
- 缺点：免费版数据需公开，导出受限。
- 链接：https://public.tableau.com/

2. Google Data Studio（免费）

- 特点：在线协作，支持连接 Google Sheets、BigQuery 等数据源。
- 适用场景：团队共享动态报告。
- 缺点：功能较基础。
- 链接：https://datastudio.google.com/

3. Power BI（免费版 + 付费版）

- 特点：微软出品，内置数据清洗工具，支持自动化报表。
- 适用场景：中小型企业数据分析。
- 缺点：高级功能需付费。
- 链接：https://powerbi.microsoft.com/

二、自动化工具（零代码）

4. Airtable（免费版 + 付费版）

- 特点：结合电子表格和数据库功能，支持自动化流程。
- 适用场景：项目管理、客户数据整理。
- 链接：https://www.airtable.com/

5. Zapier（免费版 + 付费版）

- 特点：连接多工具（如 Excel、Google Sheets、Slack），自动化数据流转。
- 适用场景：跨平台数据同步。
- 链接：https://zapier.com/

三、在线分析工具（快速上手）

6. Excel Online（免费）

- 特点：经典 Excel 在线版，支持基础函数、图表和协作。
- 适用场景：轻量级数据计算和可视化。
- 链 接：https://www.microsoft.com/zh-cn/microsoft-365/free-office-online-for-the-web

7. Google Sheets（免费）

- 特点：实时协作，支持插件（如 Supermetrics 抓取社交媒体数据）。
- 适用场景：团队数据共享与简单分析。
- 链接：https://www.google.com/sheets/about/

四、轻量级分析工具（小白友好）

8. Canva（免费版 + 付费版）

- 特点：拖曳式图表设计，模板丰富，适合汇报展示。
- 适用场景：快速制作可视化图表（如柱状图、饼图）。
- 链接：https://www.canva.com/

9. Infogram（免费版 + 付费版）

- 特点：在线生成动态图表和地图，支持嵌入网页。
- 适用场景：社交媒体数据展示。
- 链接：https://infogram.com/

五、数据库工具（简单查询）

10. SQLZoo（免费）

- 特点：在线学习 SQL 语法，直接运行查询练习。
- 适用场景：零基础学习 SQL 技能。
- 链接：https://sqlzoo.net/

11. Google BigQuery（按用量付费）

- 特点：云端大数据分析，支持 SQL 查询，适合处理百万级数据。
- 适用场景：企业级数据分析。
- 链接：https://cloud.google.com/bigquery

总结推荐

- 新手入门：Google Sheets + Canva（免费，无需学习成本）。
- 团队协作：Google Data Studio + Airtable（实时共享）。
- 处理大型数据：Power BI + Google BigQuery（功能强大但简单）。
- 快速可视化：Tableau Public 或 Infogram（图表专业美观）。

如果团队中有编程方面的专业人士，还可以借助 AIGC 工具生成代码，创建在线数据分析工具，或直接使用 AI 开发工具来构建类似功能的平台。目前，本土市场上已经涌现出许多此类工具，如豆包 MarsCode 和 Coze 等。感兴趣的读者可以尝试使用这些工具，以进一步拓展自己的能力边界。

第 6 章

项目演示：完美展现你的构想

项目立项的成功与否，演示环节是其中一个极为关键的步骤，在某种程度上决定了项目能否在早期获得上级认可以及团队的支持。上级的认可和团队的支持不仅是推动项目的重要助力，还是争取所需资源的基础。

有效演示的价值贯穿项目的各个阶段，包括实施过程中的每个环节，直到项目的收尾阶段。因此，演示结果的优劣直接影响了项目能否最大限度地展现其价值。

本章将以提升多人协同效率为核心，阐述推动各阶段达成共识的具体措施与方法，重点分析项目演示在推动多人协同以实现目标的过程中的作用与意义。

6.1　有效演示是高效协同的前提

组织内部通常会规划多种类型的项目，不同组织对项目的定义，尤其是其意义与价值的认定，往往取决于推动项目的职能部门。这属于组织架构与职能分配的范畴，并非本节的讨论重点。我们需要明确的是，无论组织类型或规模如何，项目所涉及的环节和流程大体相似，即使存在一定差异，但最终的路径也往往趋于一致。因此，在探讨任何项目管理的方法论时，应优先关注其普遍性与通用性。

大多数项目能够立项，主要源于主动性和被动性因素的共同作用，尤其是在互联网科技企业中。随着 OKR 等扁平化绩效机制的普及，像 Worktile 这样的协作工具应运而生，使管理者能够更清晰地了解每个岗位的工作能力及项目环节的状态与进度。互联网产品经理的立项工作流如图 6-1 所示。

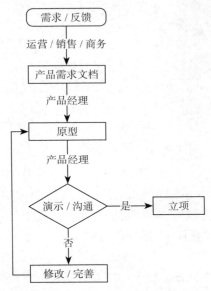

图 6-1　互联网产品经理的立项工作流

6.1.1　共识是协同效率的保证

项目要想成功立项，前提是在组织内部达成共识。例如，在某移动应用开发公司中，产品经理在收集用户反馈的交互需求后，将其整理为新的交互需求单，并通过内部协作工具平台提交反馈。此时，需求能否成为公司内部的正式项目，并推动交互设计与技术开发部门协作落实，取决于产品经理是否能够成功推动跨部门共识。

如果产品经理无法推动跨部门共识，在拥有复杂组织架构的企业中，就很难促成立项，更不用谈项目实施。企业中每天可能产生多个需求，而需求是否能转化为独立项目或跨部门协作项目，取决于推动需求立项的个人或部门能否清晰表达需求的价值与意义，尤其是这一需求对组织业务发展的影响。

在现代企业管理中，共识的意义尤为重要。特别是在在线化和数字化的背景下，工作目标的实现不再仅依赖自上而下的职能推动，而更多通过职能部门或岗位间的协作完成。这一模式以数字工具的普及为前提，被称为扁平化管理模式。不同组织的立项模式如图 6-2 所示。

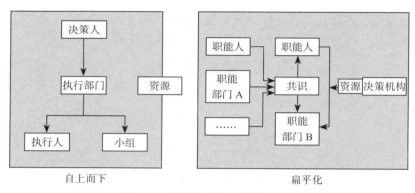

图 6-2　不同类型的组织立项模式

在扁平化管理模式下，推动具体事项形成内部或跨部门协作，首先需要需求发起人或部门通过充分沟通推动共识的达成。在获得相关人员和部门的认可后，项目才有可能得到企业资源的支持，并根据项目的重要性匹配相应的资金、人力等资源。没有资源支持，任何项目的执行都难以持续进行。

在组织内部，效率变革一直是一个长期讨论的话题。长期以来，自上而下的推动被认为是效率的基本保证。然而，随着数字化进程的加深，尤其是在智能技术赋能的背景下，个体的创造力得到了进一步释放。个体的创造力能否在组织体系中得到充分展现，关系到组织的生命力，至少能反映组织的活跃度。

在开放式协同关系下，企业组织的结构正从传统的金字塔式转变为由组织末梢职能岗位构成的协同网络。在这样的体系中，指令的传递不再是单纯的自上而下，而是网络中的任何一点都可能成为推动组织发展的关键节点。这种网状协同体系在一定程度上代表了未来的模式，尤其是在智能技术普及的趋势下。

AIGC 工具的出现，极大地突破了个体在想象力方面的限制。相比于传统的实操方式，AIGC 生成更具效率，也拓宽了创作的边界。这一特点与区块链技术有相似之处，但不同点在于，基于个体所构建的智能化网状协同体系中，自上而下的决策并不会完全消失，只是其作用会有所减弱。

在智能化网状协同体系中，驱动其高效运转的关键在于快速达成共识。项目的发起、执行、收尾和复盘等环节，本质上是围绕共识构建的节点。

项目协同工具 Worktile 的界面如图 6-3 所示，它提供了一种实现高效协同的方式。在 Worktile 中，任何具体职能岗位都可以发起项目需求，并在工作流中标注相关的个人或部门。收到提醒的职能岗位和部门会对需求和反馈进行评估，一旦达成认同，便会加入由此构建的协同网络。在这种基于日常需求形成的工作流中，组织内部会自发形成一种共识机制，推动组织在末梢实现效率提升。

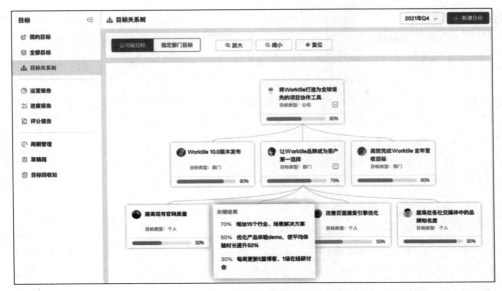

图 6-3　项目协同工具 Worktile 的界面

与此相对，自上而下的指令推动或缺乏共识的推动，往往会导致人、事、物之间难以形成高效协同，最终造成资源的巨大浪费。即使是自上而下发布指令，如果参与者未能建立共识，那么该指令执行的结果也是可想而知的。

因此，无论是组织体系还是个人，涉及多人协同时，最为重要的是建立或达成共识。只有在此基础上推动项目的立项与执行，才能最大限度地利用人力、资金等资源，避免因沟通不畅或频繁沟通造成的时间和精力浪费。

6.1.2　有效演示是达成共识的关键

项目演示的相关技能在我们的日常工作中占据着极为重要的地位。从项目的发起、正式立项到执行等各个环节，演示作为沟通会议的一种形式，贯穿其中，尤其在多人、小组、跨部门协作的场景中发挥着基础性作用。

1. 充分的演示有助于争取足够的支持

俗话说，"酒香也怕巷子深"。在项目发起阶段，为了获得人力、资金等资源支持，项目发起人需要充分向领导和相关部门演示项目的价值和意义。从某种程度上来说，项目演示效果的好坏，直接决定了该项目能获得的资源支持力度，力度越大，项目所产生的效果大概率越好。

大家耳熟能详的一个商业案例便是当年腾讯推出微信的过程。作为腾讯在移动互联网时代的重要产品，微信项目的开发并非只有 Foxmail 团队参与，还有其他团队的协作。而最终 Foxmail 团队的成功，关键在于他们以最快的速度推出了 Demo 版本。

另一个成功的案例是腾讯会议，它在居家办公期间成为沟通与交流的利器。腾讯会议凭借微信生态的优势，迅速崛起，成为腾讯面向 C 端市场的最成功的应用之一。其后，腾讯通过企业微信打通了 B 端市场。腾讯会议作为一款独立应用，可以实现与微信、企业微信等多个数字平台的对接。

在项目推进过程中，若没有充分的项目演示与验证，料想腾讯内部很难提供足够的资源支持，后续项目也难以快速推出并占领市场。

2. 清晰的演示能够促进跨部门协同

在互联网科技企业中，产品经理岗位非常关键。产品经理通过收集竞品信息和用户反馈，将其整理成需求单，跟踪产品迭代过程，使应用软件更加符合用户习惯，最终在竞争中脱颖而出。产品经理常用的软件工具繁多，其中原型设计软件是最为频繁使用的工具之一。

原型设计软件在应用软件开发过程中被广泛应用，用于展示拟开发或已开发的应用软件的功能迭代过程。在正式开发之前，原型设计软件可以呈现接近真实应用场景的应用软件形态，用于与交互设计师、技术开发等岗位进行沟通。产品经理通过原型设计软件实现跨岗位、跨部门的沟通，其作用就像传统企业中的 PPT 演示一样。演示的场景越接近实际应用，效果也越好。

随着原型设计软件的不断发展，它已成为集需求文档、产品文档、团队协同、产品演示等功能于一体的数字化工作平台。产品经理在高度集成的平台上进行演示的过程中，实际上可以根据反馈完善一套指导规范手册，从而使项目立项后的跨部门协同变得更加简单和高效，如图 6-4 所示。

这种原型设计软件在互联网科技企业中已非常普及，并且能够适应移动化趋势。既可以通过在线会议应用软件的投屏功能，也可以通过演示录屏呈现逼真的演示效果。

项目的各个环节都涉及演示，尤其是复杂度较高的项目，只有通过有效的演示，才能充分展示项目的优缺点，让参与的岗位和部门清楚了解操作步骤、时间、规范等细节。

这就涉及项目经理（包括产品经理）除撰写之外的另一项重要能力：**演示过程中的清晰表达**。学会表达并做好表达，是推动项目顺利进行的关键因素之一。（如今，撰写与表达已经成为职场中非常重要的基本技能，它们是职场人士获取机会的重要阶梯。）

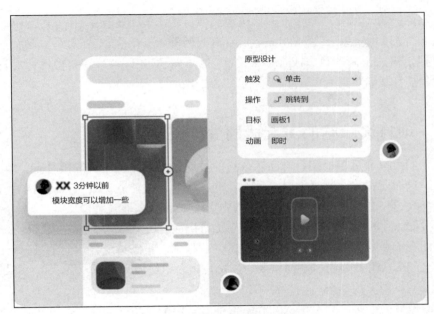

图 6-4　某原型设计软件界面

　　如前所述，项目立项以及人力、资金等资源的分配只有在针对该项目达成共识后才能实现，因此达成共识至关重要。充分、清晰、有效的演示，并结合良好的表达，是推动协同体系中多人和部门之间融合的关键一步。

6.1.3　演示效果影响个人发展

　　在当今企业组织中，尤其是规模较大的企业，每天可能产生大量的需求，并形成众多需求单。为了提高决策效率，许多企业采用内部竞争的方式，即项目发起人或发起部门通过演示的方式，获得跨部门、决策机构的认同，促使需求升级为公司或部门级别的正式项目，从而获得其他岗位和部门的支持，并在企业内部机制上给予支持。这种方式能够促进项目快速诞生，并为其发展提供希望。

　　这一场景在竞争激烈的行业中尤为常见，内部竞争成为许多企业，特别是竞争激烈、规模较大的组织中的常态。它也成为许多成规模的企业解决发展后运营臃肿问题的一种途径。通过提升内部竞争度，企业能够重新焕发活力，而大量的项目会议则成为企业内部各岗位和部门日常化的事务。

　　对于个人而言，能够成为项目发起人并获得演示机会，是一次非常宝贵的机会。项目的发起和执行结果，直接影响个人在企业内部晋升的速度。这一现象既在互联网软件公司中常见，也在智能硬件和快消品行业的企业中同样适用。

因此，演示的成功与否，不仅决定了项目的命运，还在某种程度上与项目发起人和部门的事业发展紧密相关。没有有效的演示和融合，就难以达成共识，也难以促使需求走向项目，成为多人、部门协同的事务，也难以获得优质的资源，为其发展埋下希望的种子。

6.2 项目演示前的方案协同处理

我们可以通过智能工具与团队成员的协同，大体梳理出一份相对完美的项目方案，这对于很多人来说，是一种全新的体验。依托智能工具与人的组合，我们可以呈现出一套适用于大多数人的方案撰写的标准模式与流程。

按照这一模式与流程，即使是新手也可以胜任方案撰写工作，或者说大部分人都能完成一份相对成熟的方案。在这一过程中，我们将融合智能工具，与团队成员之间形成有效协同。下面以撰写一份公司介绍文档为案例，描述这一场景。

（1）规划文档结构

一份好的方案应具有层次性和结构性。结构是在动笔或开始撰写前必须重视的关键点。在这一阶段，我们可以使用的 AIGC 工具非常多。ChatGPT 或本土化文档工具中的 AI 功能，均能满足需求。以本土大模型产品 Kimi 为例，使其拟一份公司介绍文档，如图 6-5、图 6-6 所示。

图 6-5　通过本土化的 AIGC 工具辅助生成公司介绍文档

可见，Kimi 响应迅速，回复了公司介绍文档的主要内容模块。我们可对完整内容格式化进行调整以适应格式标准，再粘贴到正文中。笔者同时令 Kimi 生成了文档目录的树状结构图，直观展示给大家，如图 6-7 所示。

根据上述方案结构，大家会发现撰写方案内容变得简单许多。只需依据每个模块的标题，完成相应内容的撰写即可。同样，这一操作也可以借助 AIGC 工具的力量完成。

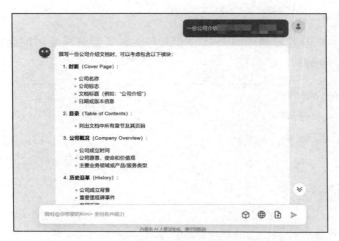

图 6-6　AIGC 工具回复公司介绍文档的主要内容模块

图 6-7　AIGC 工具生成的方案目录

（2）撰写内容模块

将上述生成内容复制到另一款写作工具（如笔者前面使用的秘塔写作工具）中，如图 6-8 所示。

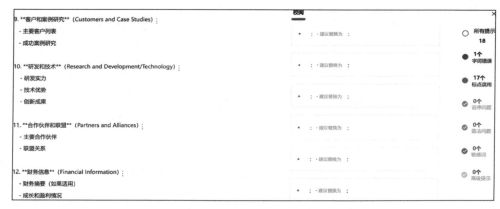

图 6-8　将文档目录复制到另一款 AIGC 写作工具中

我们发现，当生成内容被粘贴到秘塔写作工具中时，页面右侧会立即弹出文档优化提示，包括对具体语法的专业建议，如图 6-9 所示。

图 6-9　AIGC 工具的校阅建议

对于这些由智能工具提供的建议，我们可以逐一调整，也可以暂时不处理，待全文撰写完成后再统一校阅修改。

在撰写过程中，我们还可以利用秘塔写作工具右侧提供的智能辅助功能，完成图片素材的添加、数据分析表的生成等功能，如图 6-10、图 6-11 所示。

并且，在遇到 AI 无法直接处理的具体问题时，这一工具还会"贴心"地提供操作教程，如图 6-12 所示。

前面我们先完成了方案文本的撰写。因为在笔记类文档中，更容易与团队成员协作完善方案。当方案优化调整完成后，还可以考虑将方案转化为 PPT。通过

辅助工具，我们可以先将方案目录结构转化为思维导图，再根据思维导图生成
PPT，如图 6-13、图 6-14 所示。

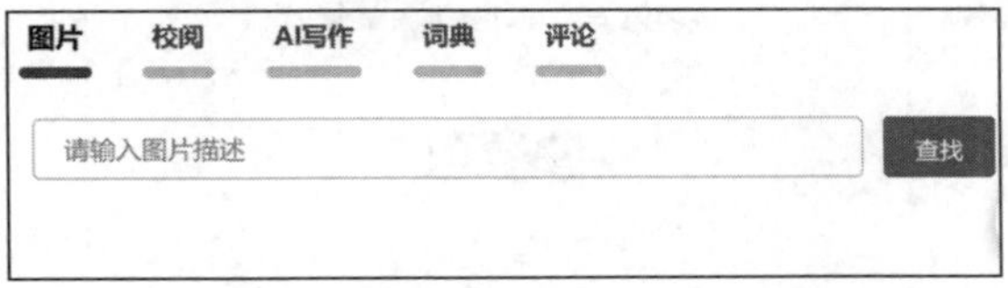

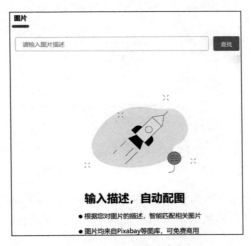

图 6-10　辅助功能

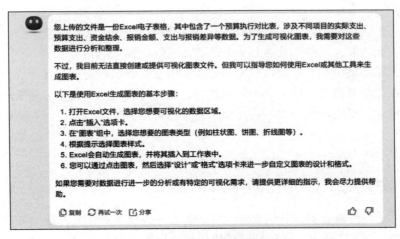

图 6-11　获取图片素材

图 6-12　AI 提示如何制作图表

图 6-13 将文本转化为思维导图

图 6-14 将思维导图转化为 PPT

目前，智能工具的处理流程已基本完善，且随着版本迭代，工具的准确性与速度不断提升。但在上述案例中，PPT 与思维导图的模板仍需人为干预以做出选择。具体操作步骤在前面已描述，这里不再赘述。

当方案完成并通过 AIGC 工具优化与调试后，实际上已形成一份完整的方案。

至此，上述流程对大多数人而言并不存在操作门槛。无论是新手，还是具备一定撰写能力的人，都可通过上述步骤完成基本的撰写工作。

在上述案例中，工具协同带来的效率价值及全新创作场景被直观展现。可以想象，在使用者搭建上述工具协同体系后，依托智能技术的支持与辅助，许多原本需要专业门槛的职业内容与技能要求，可能会随着技术的发展而逐渐降低甚至消失。

6.3 数字化、智能化的项目演示

从移动化阶段开始，我们发现工作场景几乎无所不在，其背后是数字工具的协同发展。从 PC 端的工作场景被移植到移动设备，设备与设备、软件与软件之间的协同让末梢触达变得非常便捷。然而，这种便利也使得个人容易被工作环境包围。协同软件中的提示或提醒，会让其他协作成员在移动设备上收到通知。曾经与社交、通讯隔绝的工具软件，经过移动化场景的适配，在数字时代得到了充分拓展，与终端和末梢触达功能相结合，这些工具软件甚至与常用的社交应用关联，形成了全方位的触达。这种变化使得个体越来越难以将生活与工作区分开来，除非额外增加设备的投入。

在移动办工场景中，以"读趣"项目为例，当项目经理在总看板中添加具体方案或其他内容要素时，只需通过总看板发起协同邀请，即可提醒成员完成后续操作，如图 6-15 和图 6-16 所示。

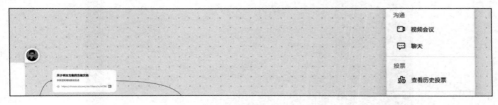

图 6-15　看板中发起聊天功能

图 6-16　项目经理输入需要协作的内容

如果项目经理需要针对项目方案内容进行沟通，也可以直接发起视频会议。博思白板软件几乎打通了所有的会议工具，只需输入相应的会议链接信息，即可生成一个在线会议看板，并通知其他成员，如图 6-17 ～图 6-20 所示。

以上场景并非个例，几乎所有数字工具都实现了跨平台与设备的协同功能，包括系统日历与终端应用的结合。全天候的协同并非仅依赖即时通讯工具，而是从创作工具开始，与常用的通讯工具打通，实现全流程覆盖。

而智能化被数字工具提供商视为又一次重大迭代，不仅体现在功能的升级上，还尤为突出地体现在不同数字工具之间的深度协同上。尤其是跨领域、跨类型的数字工具，通过智能功能实现流程上的紧密结合，甚至可以做到无缝对接，为用户提供全流程的智能化协同体验。例如，在项目演示过程中需要在线完成任务，此时在线会议软件的智能功能就能发挥作用，实现团队成员在全流程上的无缝衔接。智能化的应用，使得从任务协作到项目演示的每个环节都更高效、更流畅，充分展现出数字化与智能化融合的优势。

图 6-17　兼容大部分在线会议软件

图 6-18　设置在线会议软件的信息

图 6-19 添加完会议信息后弹出会议通知

图 6-20 生成在线会议看板

6.3.1 全方位的项目记录

笔记类应用可以通过添加协作者来搭建协同体系。一旦协作者在原始文档中进行任何修改与调整，软件工具都会记录其痕迹。例如，腾讯文档提供了此类功能，如图 6-21 ～图 6-23 所示。

图 6-21 文档添加协作人员

这是静态的协作沟通。而在项目沟通中最常用的是在线会议的形式，随着智能化的发展，在线会议软件也变得非常智能，可以将其理解为一个会议平台。无论是几人还是上百人参加的在线会议，其效率和辅助的作用已远超线下会议。对于会议主持人来说，现代工具使其能够独立完成从会议纪要到复盘等全方位的工作内容，如图 6-24 所示。

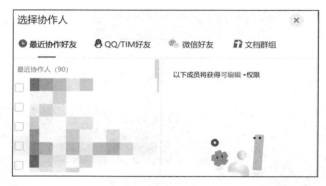

图 6-22　管理协作人员

当前最有名的大型语言模型是 OpenAI 的 GPT-3。它是一个强大的自然语言处理模型，能够生成高质量的文本、进行翻译、回答问题等任务。GPT-3 的规模和性能在业界领先，引起了广泛关注。GPT-3 的表述需要调整。

图 6-23　文档中会显示协作人员的修改痕迹

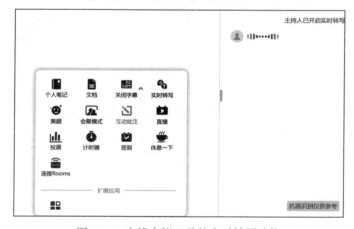

图 6-24　在线会议工具的实时转写功能

项目沟通会议的常见动作包括记录会议内容、提问管理、确定重要事项计划清单等，有时还需要增加翻译功能，这些均可通过在线会议软件实现，它们为项目沟通提供全面的辅助支持，如图 6-25 和图 6-26 所示。

而数字工具的智能化趋势在在线会议软件上得到了充分体现。它在协助会议主持人完成待办事项和总结会议内容等方面表现出极快的响应速度，并且几乎都配置了实时翻译和生成文字稿的功能，如图 6-27 和图 6-28 所示。

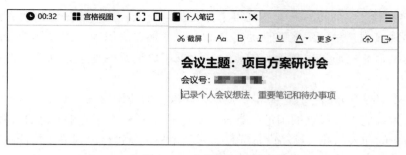

图 6-25　会议笔记功能

图 6-26　会议笔记内容导出功能

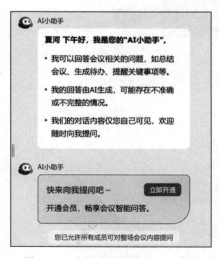

图 6-27　在线会议软件的 AI 助手

图 6-28　实时翻译功能

6.3.2　随时随地充分表达

笔记协作文档以及团队协作类软件工具（包括笔者在前面进行内容演示

的 Worktile），将协同的场景展现得十分完整且充分。这可能是现代化企业组织形式出现以来，第一次能够借助工具最大限度地在组织中发挥群体的智慧与力量，也是第一次通过多款工具的组合，让每位成员都能够参与到项目的各个环节中。

在效率提升方面，我们不得不提及移动设备的使用场景。如今，一部移动设备已成为人们不可或缺的辅助工具，其功能几乎覆盖了生活和工作的所有场景。智能技术的加入弥补了移动设备屏幕尺寸的短板。通过生成式人工智能技术，用户可以通过提问或简短的文字输入，以及扫描文档内容，甚至直接基于上下文获得所需的响应。

随着移动芯片以及底层系统性能的快速提升，多屏协同功能成为数字工具标配。在此背景下，移动设备已经成为协同工作的重要工具之一，如图 6-29、图 6-30 所示。

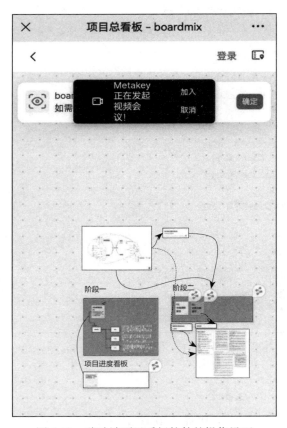

图 6-29　移动端项目看板软件的操作界面

图 6-30　移动端在线会议软件的操作界面

在智能技术的辅助下，无论是企业内部还是项目运营中的沟通，都能让团队成员之间实现充分的沟通与表达。在这一趋势的推动下，许多企业组织形态正朝着扁平化方向发展。

6.3.3　高效演示项目方案

一份方案，从构思到结构的梳理，再到撰写成文稿和演示表达，既考验文字功底，也考验表达能力。通常，项目负责人需要亲自撰写方案，并在演示前充分理解方案内容。然而，即使方案撰写得再好，如果无法高质量地演示，也可能导致项目立项失败。

在社交媒体中，我们经常能看到一些发布会中的演讲者在舞台上清晰地逐一讲述关键点，这种能力非常值得学习。同样，在方案演示时，我们也需要掌握一定的技巧，才能让受众认可并支持方案内容。

一场高效的演示讲述可以简单拆分为几个步骤。在每个步骤中，把握好几个关键点，如同将一个个点串联成一条完整且接近完美的线。

（1）准备阶段

任何方案的演示讲述都需要充分准备。一个非常实用的技巧是，将方案中各模块的关键内容尽量简短地摘录，可以通过便签条列出，这样可以增强记忆。

在准备阶段，可以先记住便签条上的内容，然后基于此串联起整体内容。换句话说，除了便签条中的内容，其余只是扩展内容。

当一切准备就绪时，可以对着镜头进行一场"孤独"的演讲，面对自己练习。面对自己时，演示才是真实的。之后，可以邀请团队成员进行试演，哪怕只有一次练习，也比没有好。

经历了以上步骤，说明你已经为正式演示做好了充分准备。

（2）演示阶段

面对受众时，情绪稳定是最重要的前提。只有在情绪稳定的情况下，才能保证正常发挥。项目经理在讲述方案时，内容可能较多，难以完全记住。我们知道，脱稿演讲是更好的方式，方案文稿应作为辅助，而非逐字逐句地念稿。

如果无法熟练脱稿，可以借助便签条辅助。如果实在无法做到，只能选择最差的方式，即逐字念稿，但应尽量避免。

同时，演示时忌无节奏地停顿或口吃，流畅和清晰是最基本的要求。

（3）复盘阶段

无论方案演示是否顺利，演示结束后都是复盘的开始。记住下一次永远比这一次更重要。通过多次经验积累，我们能不断提升。

而在引入 AI 工具之后，将上述过程借助智能的力量实现，可能会达到事半功倍的效果。例如，在准备阶段可以借助 AI 生成和优化现场演示的文案内容。或者，利用智能文稿工具对已有的方案结构进行自动梳理，确保逻辑清晰，同时基于市场分析数据进行智能搜索，提供有说服力的论据。此外，还可以通过 AI 工具自动提取笔记本或者纸质便签上随手记录的灵感，进行线上存储，既方便记忆，也方便现场修改和拓展。模拟演示过程中也可以利用 AI 技术分析语音语调、表情和肢体语言，提供针对性的改进建议，让演示更有感染力。

复盘是成长的重要环节。每次演示结束后，认真复盘，关注每一个细节，才能持续进步。

6.4　第三堂实践课：项目模型的智能设计

AIGC 技术的发展，目前最大的价值在于辅助非专业人士在多个领域展现能力。例如，非专业的画家可以通过智能技术生成所需的设计作品或素材；项目经理虽然不是专业的数据分析人员，但可以借助 AIGC 技术辅助完成数据分析，帮助整理和分析数据，从而获得决策依据。

人与智能的协同，可能会成为我们未来一段时间的常态。而当前，我们需要清楚地认识到，智能在提升效率方面所带来的价值是毋庸置疑的。最能体现这一价值的场景就是处理庞大数据的时候。

并且，人的经验和形成的判断力本身是有规模限制的。专业人士可以利用数字工具处理海量数据，但普通人所能处理的数据规模显然有限。而智能工具的出现，提升了普通人在面对数据时的能力，尤其是在处理海量数据时，既不需要具备非常专业的能力，也不需要依赖专业的数据分析软件工具。

无论是制定方案还是制作演示文稿，我们经常需要创建大量的模型文件。项目经理的日常工作中也会遇到这种需求。本节将继续借助智能技术完成各种模型文件的制作，使用的软件工具是亿图图示。特别是在智能技术的支持下，亿图图示能够快速生成多种类型的模型文件，如图 6-31 所示。

AI 一键制图 (体验AI对话式生图，仅需要告诉AI一句描述，便可以迅速为你生成下列绘图，解放你的双手。)				
AI 流程图	AI 思维导图	AI 时间线	AI 表格	AI 列表
AI SWOT分析	AI 精益画布	AI PEST分析	AI 用户故事	AI 用户画像

图 6-31　AI 一键制图的类型非常多

首先，以生成项目复盘流程图为例，我们首先选择 AI 一键制图模块中的 AI 流程图，如图 6-32 所示。

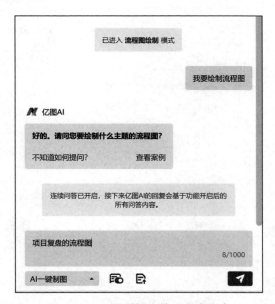

图 6-32　AI 对话框中输入文本指令

AI 会根据输入的文本指令快速生成流程图，如图 6-33 所示。

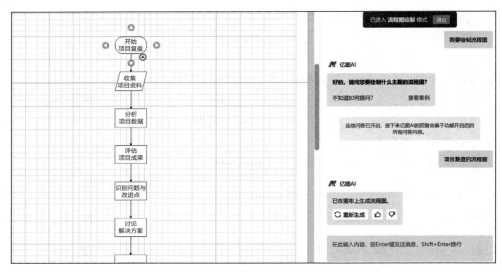

图 6-33　生成流程图

其次，如果我们需要一个项目预算表的模板，同样可以通过 AI 功能直接生成，如图 6-34、图 6-35 所示。

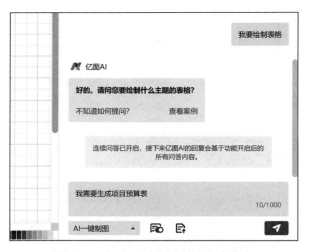

图 6-34　在 AI 文本框中输入文本指令

完成上述模型或表格的生成后，并不意味着创作的结束，而是根据实际需求进一步完善内容。例如，生成表格模板后，我们可以开始进行数据分析工作，如图 6-36 所示。

序号	项目名称	预算金额（元）	已使用金额（元）	剩余金额（元）
1	人力资源	50000	20000	30000
2	物资采购	80000	50000	30000
3	设备租赁	30000	10000	20000
4	市场营销	40000	25000	15000
5	其他支出	10000	5000	5000
	总计	**210000**	**110000**	**100000**

图 6-35　生成表格模板

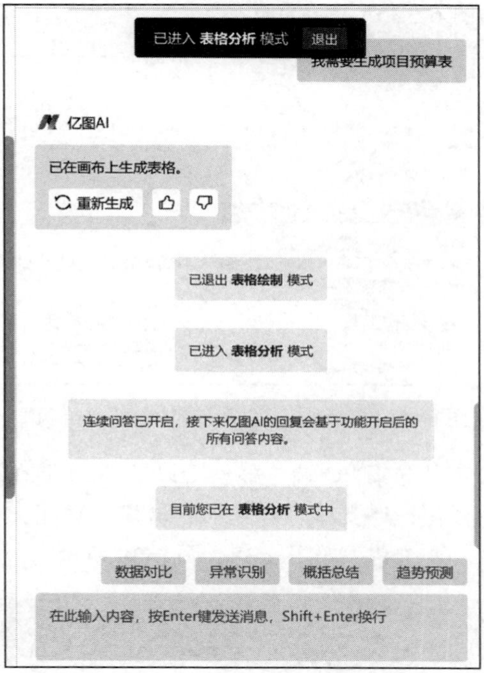

图 6-36　进入表格数据分析内容

通过这些简单案例可以看出，利用亿图图示的智能化工具，任何人都可以轻松生成复杂的模型文件，并在智能工具的辅助下完成相关创作内容。

智能技术与专业软件工具的结合，带来了场景和效率的深度变革，这将深刻影响现有的职业形态。尤其是过去依赖时间积累才能获得能力提升与资历的途径，正在被打破，因为如今利用简单的文本指令即可完成一些操作，几乎不存在门槛。

6.5 第四堂实践课：人人都是设计师

随着自媒体浪潮的兴起，设计已经成为一项基础技能。随着需求的增长，大量轻量化设计平台和应用如雨后春笋般涌现。无论是适配 PC 端的 Web 应用，还是适配移动设备的移动应用，制作一份简单的设计作品已经变得非常容易。

自媒体的发展，尤其是图文内容中对图片设计的需求，催生了大量轻量化设计需求。这些设计通常不需要复杂的操作，只需简单的文字排版即可。因此，模板化成为轻量化设计应用吸引用户的亮点，这一特点也逐步扩展到短视频编辑和三维设计等领域，如图 6-37 所示。

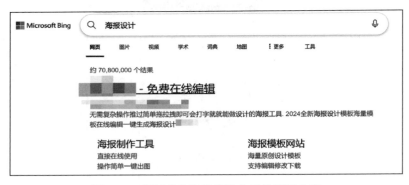

图 6-37　模板成为海报设计应用的重要功能

可画是一款非常知名的集 PC 端、移动端以及 Web 端在线设计功能的设计软件。其特点不仅有模板化，还支持多样化的领域设计功能，例如，创作者可以利用可画设计视频、PPT 等作品，如图 6-38、图 6-39 所示。

图 6-38　可画支持非常丰富的领域设计

热门功能	协同办公 ›	设计资源
在线抠图	在线文档	二维码生成器
在线拼图	演示文稿制作	颜色工具
图片编辑	图表制作	常用设计尺寸
视频剪辑	在线白板	API
在线翻译	画图工具	
证件照制作	网站制作	
	PDF编辑器	

图 6-39　强大的集成化设计功能

在线设计平台的集成化趋势，使得平台从提供单一的专业功能逐渐向提供综合性服务转变。这也反映了数字工具市场的整体趋势。通过可画，我们可以轻松完成简单的设计。这种设计的门槛非常低，甚至在项目有紧急需求时，项目成员通过简单学习就能上手完成设计作品。

接下来，以阅读应用"读趣"为项目案例，展示如何使用可画制作一份宣传海报。首先创建一个空白页面，并调整尺寸。

读趣项目是一款与阅读相关的移动应用，海报设计首先需要考虑与阅读的关联性。考虑应用特点，在设计海报时，关键是将需要呈现的内容进行艺术化创作，通过一定的技巧对文字、图片等要素进行艺术处理。我们可以通过关键词搜索或直接从模板库中选择所需模板覆盖空白页，形成初步的海报内容。在创作过程中，可以随时使用可画的智能工具辅助完成设计调整、优化等步骤，如图 6-40、图 6-41 所示。

图 6-40　智能化工具

当基本画面完成后，可以简单添加文字要素。当然，还需增加项目标志及其他必要元素，如自媒体二维码等，如图 6-42 所示。

此外，还可以通过 AIGC 工具，输入文本指令生成背景图片。当前市场上已有许多文生图产品，这些工具可以与可画协同使用，共同完成设计作品，如图 6-43、图 6-44 所示。

图 6-41　基本要素的呈现

图 6-42　一件完成度较高的设计作品

图 6-43　AIGC 生成背景素材

图 6-44　AIGC 生成混合风格的海报设计

　　在完成以上操作时，笔者几乎没有花费太多时间，就快速完成了一件海报设计作品。其中，借助文生图大模型产品，几乎无需学习成本，就能采用多种形式和样式设计出符合预期的作品。

第 7 章 *Chapter 7*

项目执行中的高效管理工具

数字化时代下，为什么要强调企业组织的数字化转型？在企业组织发展过程中，我们需要面对诸多模块的协调和优化。随着企业的逐步壮大，市场环境的变化和发展需求驱动策略调整，而这一切的核心目标都指向效率的变革。效率是企业组织的根本问题，而数字工具的应用或搭建数字工具协同网络，则是实现效率变革的正确路径之一。

本章将通过前面提到的数字工具协同网络，协助项目经理在执行过程中实现自动化监督，从而为提升执行效率提供基础支持。

7.1 动态的进度表

可视化看板已经成为企业或项目监督业务进展与项目进度的重要工具。数字工具的普及使企业或项目运行中的数据能够动态化呈现，结合高效的数字工具协同体系和扁平化组织形式，企业实现了跨部门及上下级之间沟通瓶颈的彻底突破。

通过组织架构中的协同体系，从上至下，企业的运行状态和各业务发展进度都可以以动态的形式呈现。跨部门沟通工具的体系中，可以随时发起团队沟通或邀请成员进入协作体系，从而进一步提高效率。

一切要素最终成为数据，效率变革的核心在于让数据动态化，并以此作为企业管理者或项目管理者重要的决策依据。这已成为当前的普遍趋势。

前面笔者通过博思白板和 Worktile 两款软件搭建了项目进度看板（当然市面上还有其他类似的项目管理工具，用户可以根据使用习惯或需求自行选择。目前，许多项目管理软件面向 B 端企业，需统一采购部署）。

7.1.1　动态数据是重要的决策依据

我们仍然要不断强调一个观点：**数据，尤其是动态数据，是非常重要的决策依据**。这一理念自数字化浪潮兴起以来，已逐步被普遍接受。而在企业中，数据已成为一项重要的资产。在国家相关部门的推动下，企业数据资源的重要性将越发突出，如图 7-1 所示。

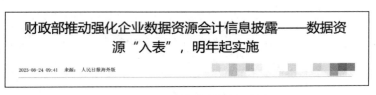

图 7-1　企业数据资源越发重要

如今，我们的生活和工作都在与数据打交道。从日常开支明细到工作中的大量内容，包括服务客户的记录，所有这些都在我们使用的数字平台上转化为对应的数据看板。可以说，我们的言行在数字世界中变得更加透明。

在这样的环境下，对于企业管理者和项目负责人而言，如果想要了解企业或项目的运行状况，那么可视化看板或企业数字平台中的各类数据看板必不可少，它们已成为做出决策的重要参考。例如，决定是否介入具体业务、是否调整业务结构等，都依赖这些数据支持。

此外，动态数据在提供实时决策支持的同时，还能显著提升企业的灵活性和响应能力。借助强大的数据处理能力，企业管理层能够通过分析历史数据与实时数据，预判市场变化或项目潜在问题，并快速制定应对策略。这样的数据驱动决策模式，正在逐步取代传统的经验决策方式，成为企业竞争力的重要体现。

在未来，随着人工智能、大数据分析和云计算等技术的进一步普及和发展，数据的价值还将不断扩大。企业若能充分利用动态数据构建精准的决策模型，将在竞争中占据更多主动权。可以说，谁掌握了数据，谁就掌握了未来发展的方向。

7.1.2　实时呈现动态变化

通过数字化、集成化的项目进度看板，我们可以获取如下信息。

（1）进度

看板中的每个进度条都显示不同模块的工作进展，包括具体负责人、协作部门与岗位、工作内容等信息。负责人可以清晰了解重点事项，及时介入进展过程，确保各项工作按计划推进并按时完成。

（2）角色

企业内部的沟通工具经历了从线下、邮件、OA 系统到集成化数字平台的发展历程，最终步入如今的将协作工具与工具集为一体的场景中。现代协作工具将人与事、工具三者紧密结合，生成动态的数据资源，为管理者提供实时、可视化的动态信息。岗位角色及其工作量在动态数据看板中一目了然。

（3）关系

企业管理中，随着企业规模的扩大，工作内容容易交叉，细节难以追踪，给管理者带来判断困难。因此，过去企业推行具体负责人制度，后来邮件制度使所有流程留痕成为惯例。而如今，通过可视化数据看板，管理者可以清晰掌握业务关系、角色关系和岗位关系网络。协作体系中，不仅工作痕迹易于查询，团队成员彼此间的协作内容也能详细追溯具体细节。

通过以上内容可以看出，现代数字平台和协同工具增加了丰富的沟通功能，确保了人、事、工具三者的高效协调，形成紧密关系，最终实现一键触达的高效管理。

项目管理软件中的沟通功能示例如图 7-2 所示。

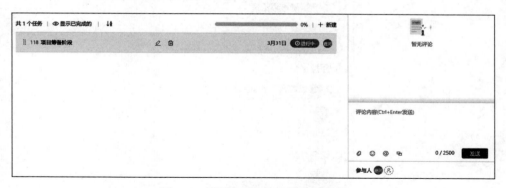

图 7-2　项目管理软件中的沟通功能

为了更直观地说明这一点，我们以"读趣"项目为例，回头看下该项目的进度看板（在博思白板上创建），如图 7-3 所示。

图 7-3　项目进度看板

从图中可以清晰地看到，待办事项中的"原型绘制"这一内容的进度出现了延迟，如图 7-4 所示。

图 7-4　进度看板中一目了然地发现问题

这种项目进度看板对于项目负责人而言，可以让各项任务的进展一目了然。这种模式将业务动态与团队成员的行为路径数据化、数字化，并通过可视化形式呈现，为管理者提供更高效的管理和决策支持。

7.2　智能的监督员

在前面的内容中，我们不仅使用了多款数字工具，还通过智能技术的辅助来完成内容创作。必须强调的是，我们一定要重视智能技术所带来的效率提升。在之前的案例中，通过实际操作可以发现，借助工具之间的组合，并在各个阶段引入智能技术来优化流程，可以显著提升每个阶段的效率，从而实现整体工作流的效率最大化。

同样地，在项目看板的管理中，我们依然可以利用智能技术来帮助发现看板中的问题。在上述展示的案例中，由于项目进度的数量相对较少，依靠肉眼观察就能够发现问题。但当项目规模扩大到一定程度时，仅依靠人工观察显然是不现实的。这时，智能技术在规模化管理和问题发现方面的优势便显现出来，无论是效率还是准确性，都远超人力所能达到的水平。

我们直接通过博思白板提供的 AI 助手功能来查看项目看板存在的问题，如图 7-5 所示。

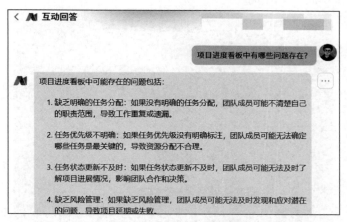

图 7-5　通过 AI 助手功能来辅助管理看板

通过实践，我们发现，AIGC 工具确实能够分析项目进度看板中的内容，并为我们提供了一些修改和调整建议。

接下来，我们将 AIGC 工具更换为最新的大模型产品 GPT-4o，并重复上述场景，以便更好地感受最新的大模型技术的发展水平。这将有助于我们充分理解当前智能技术在效率上的提升。

最新的大模型技术已经发展到多模态阶段，能够融合多种内容形态。例如，我们将图 7-3 提交给 GPT-4o，要求它分析项目看板中的问题，如图 7-6 所示。

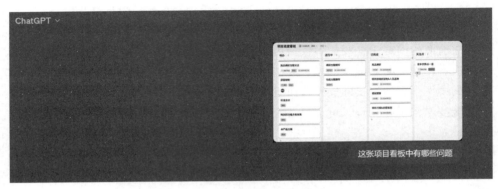

图 7-6　将项目看板截图提交给 GPT-4o

　　GPT-4o 反馈的内容如图 7-7 所示。通过 GPT-4o 生成的内容，我们发现这一款大模型产品已经能够根据提供的图片精准识别项目看板中的问题。在第一条反馈中，它就明确指出紧急任务未完成，准确度非常高，而且 GPT-4o 提供的建议基本上与项目看板需要调整的重点一致。

图 7-7　GPT-4o 反馈的内容

　　以上案例场景可以适用于工作中的其他需求。我们可以得出结论：最新的大模型产品已经能够作为智能助手，帮助我们对多种类型的工作内容进行准确分析，并提供精准反馈。

对于企业管理层或项目经理来说，面对数据、看板等内容时，可以依靠大模型产品生成相应的反馈，这样即使是复杂的数据化决策，也可以高效完成。尤其在处理大规模数据方面，智能技术显示出了前所未有的能力与效率。

随着大模型技术的发展，许多曾经需要专业知识或技能的岗位工作，已经不再具备门槛，依赖时间累积的成长模式在前沿技术面前逐渐失去了原有的意义和价值。同时，普通人已经能够借助智能技术快速获取几乎所有所需的知识，并在智能工具的辅助下，迅速掌握相关的专业技能。

最后，笔者请 GPT-4o 汇总了一些项目智能看板工具的特点，供大家参考。

GPT-4o 的回答：

推荐一些常用的智能项目看板工具，这些工具在功能、集成和用户体验方面都表现出色，适用于不同规模和类型的项目管理：

1）Trello：

- 特点：Trello 使用卡片和列表来组织任务，界面直观，支持拖曳操作，适合个人和团队使用。
- 集成：与 Slack、Google Drive、Jira 等多种工具集成。
- 自动化：提供 Butler 自动化工具，帮助自动化重复任务和工作流程。

2）Asana：

- 特点：功能强大，适用于复杂项目管理，可以跟踪任务、项目进度、设置依赖关系。
- 视图：支持列表视图、看板视图、时间线视图（甘特图）。
- 集成：与 Google Workspace、Slack、Microsoft Teams 等集成良好。

3）Jira：

- 特点：广泛应用于软件开发项目，支持敏捷开发（Scrum、Kanban），强大的问题跟踪功能。
- 报告：提供丰富的报告和仪表板，帮助团队了解项目进度和瓶颈。
- 集成：与 Confluence、Bitbucket、GitHub 等工具无缝集成。

4）ClickUp：

- 特点：高度可定制化的项目管理工具，支持任务、文档、目标、时间跟踪等多种功能。
- 视图：支持看板、列表、甘特图、日历等多种视图。
- 集成：与 Slack、Google Calendar、Zapier 等多种工具集成。

5）Monday.com：

- 特点：直观的用户界面，适合团队协作和项目管理，可以自定义工作流程和任务板。
- 自动化：提供自动化功能，减少手动任务，提升效率。
- 集成：与 Microsoft Teams、Slack、Google Drive 等集成良好。

6）Notion：

- 特点：一体化工作空间，适用于笔记、任务管理、知识库、项目管理等。
- 灵活性：支持多种模板和视图，用户可以根据需要创建自定义的项目看板。
- 集成：与 Slack、Google Drive、Trello 等工具集成。

这些工具都有免费版本和付费版本，可以根据团队的具体需求和预算选择合适的工具。每个工具都有其独特的功能和优势，可以通过试用来评估哪个工具最适合你的项目管理需求。

我们在选择数字工具时，常常在本土工具和海外工具两类选项中徘徊，本书中笔者尽量使用本土的数字工具及智能产品来演示具体的案例，一方面是本土工具对于读者而言更容易使用，另一方面则是因为充分考虑工具协同体系的搭建。在综合比较多款工具的能力后，笔者发现本土工具依然存在一定的优势。因此，无论是在实际工作中，还是在本书案例中，笔者都尽量选择本土工具来实现协同体系的搭建。

第 8 章 Chapter 8

复盘：让下一次更好

有些人将完整负责一个项目的体验比作一次创业活动。而在商业活动中，复盘是一项常见且至关重要的行为。尤其在项目管理中，项目从成功立项到顺利收尾，需要各个模块紧密衔接，流程完整。只有协同网络化，才能最大概率地确保项目成功。

本章将通过智能工具协同完成项目复盘工作，并通过对比传统复盘方式及工具，展示效率的提升。

8.1　什么是智能化复盘

复盘需要从整体项目视角出发，而非局限于某一阶段或部分。这意味着我们需要掌握更多的要素，并整理和分析尽可能多的数据，只有如此，才能接近真实情况。

而智能化复盘的概念实际上涵盖两个层面的含义：

❏ 复盘代表我们对阶段性工作或创作成果的总结，从中获取成长机会与经验，从而及时调整策略，提升下一阶段的运营能力。

❏ 智能化则强调效率，通过智能工具可以提高复盘的效率和精准度。

8.1.1　智能化工具呈现整体视野

数字工具，尤其是数字工具集的出现，改变了传统的工作模式并扩大了管理视野。正如我们提到数字企业时的基本配置是将整个企业运营都在数字平台上进行反映，无论是财务数字化还是业务与内部数字化，基本都实现了数据可视化。

OA 平台的导入，是企业最早走向数字化的尝试。通过大量的案例实践发现，企业的人员管理如果无法与业务的运营有效结合，则难以获得完整的视野。

在过去很长一段时间里，企业决策者或项目负责人很难从员工岗位效率中实时看到业务推进的情况。如今，在数字一体化的背景下，决策者可以通过可视化数据了解整个业务的情况以及内部岗位执行的效率。可以理解为，在数字化、智能化全面覆盖的环境中，整个企业组织除了线下的实体外，还可以在数字世界中构建一个完整的"数字孪生"企业模型，决策者能够从中看到完整的数据链，可以随时随地查看企业的运行情况，并根据变化及时调整策略。

在数字化的基础上实现智能化升级——数据不仅被可视化呈现，还能进一步通过智能化分析，挖掘趋势、预测风险和提供优化建议。

智能化工具通过动态数据分析与自动化处理，赋予企业决策者实时洞察的能力：实时监控，随时掌握业务状态与岗位执行效率；智能预警，通过数据模型识别潜在风险并发出提醒；策略优化，根据业务变化提供动态调整建议。

8.1.2 智能化工具助力完美的复盘方案

没有完整的视野，就难以做出完美的复盘方案。市面上有很多关于复盘的操作方法和步骤，属于事后复盘。实际上，真正完美的复盘应该伴随项目推进的各个阶段展开，即每完成一个阶段性任务就复盘一次，甚至每完成一件事都复盘一次，将数次复盘串联起来，形成一个整体的复盘方案，这样才能尽量获得完整的复盘视野，使复盘方案接近完美。

无论是在企业的具体业务运营还是项目管理中，大家都可能听说过 PDCA 方法论，即 Plan（计划）、Do（执行）、Check（检查）、Act（处理）。

这套方法论也可以应用于项目复盘中。我们需要将这套方法论运用于每一件事情、每一个阶段性任务中，形成整体项目的 PDCA 大循环和针对具体任务的 PDCA 小循环，如图 8-1 所示。

完美的复盘方案离不开智能化工具的支持。借助 AI 工具或功能，复盘过程中可以实现自动记录关键数据、自动进行动态分析与反馈、自动预测趋势与提供优化方案等。并且，还可以将 AI 工具结合传统复盘方法论使用，整体性提高复盘流程效率。例如，利用智能工具将 PDCA 大循环与小循环有机结合，为项目管理注入前所未有的效率与精准度，真正实现动态化、实时化的复盘管理。

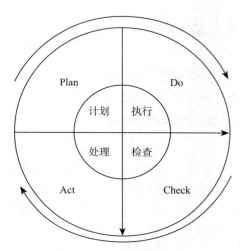

图 8-1　PDCA 方法论模型

8.1.3　智能化工具实现有效的协同复盘

我们都知道完整的项目运营离不开人的作用，尤其是团队成员之间的协作。人的因素以及成员们在项目整个过程中所产生的工作内容，包括在协作沟通中产生的想法、思考与方案等，都会在一定程度上影响项目运营的效率与结果。

因此，在项目管理和运营中，无论是执行还是复盘，团队的价值都无可替代，甚至具有决定性作用。我们常说项目负责人的高度可能决定了一个项目结果的天花板，如同企业的创始人及管理层的高度往往等同于企业发展的天花板，现实中许多重大的决策往往依赖于创始人或管理层的视野与格局。但我们仍需强调团队的重要性，原因在于企业在朝着正确方向发展时，许多创新和创造都依赖群体的智慧产生，毕竟个体的力量常有局限。

因此，复盘不是一个人的独角戏。如果想要最终呈现尽善尽美的复盘结果，那么项目负责人仍需要团队的协作，以尽可能全面地呈现细节。

在智能化平台中，团队成员的所有工作记录、沟通内容和创意方案都能实时捕捉并分类存储。这不仅为复盘提供了完整的数据支持，还通过以下方式优化协同过程：

❑ 智能协作平台：整合任务分配、即时沟通和数据共享功能，打破传统协作的时间与空间限制。

❑ AI 辅助分析：智能化工具通过数据挖掘和语义分析，生成协同成果的可视化报告和优化建议。

❑ 群体智慧激发：借助 AI 辅助头脑风暴功能，提升团队创新能力。

8.2 智能化复盘方法

8.2.1 以通用的项目复盘逻辑为基础

在进行复盘之前，优秀的项目经理通常已形成自己的方法论和工具体系。对于新手而言，掌握一套成熟的复盘逻辑能事半功倍。

1. 梳理复盘要素

如果将整个复盘过程比作一道菜，方法论即是烹饪这道菜的程序，包括掌握火候和食材等。其中食材选择决定了做菜的方向。而复盘时所选择的要素决定了复盘结果。因此，我们必须清晰地知道哪些要素可以作为复盘内容。复盘结果是通过对不同要素的综合分析得出的，如图 8-2 所示。

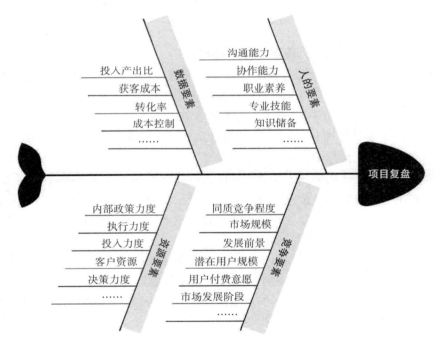

图 8-2　项目复盘要素概要

所以，在项目复盘之前，归纳和整理要素至关重要。这一过程实际上是将项目整体运行情况拆解成多个关键路径，将各种要素依据事项的关联度归类到各自路径中，再对路径中的要素进行分析整理，汇总得出结论。最后，利用看板工具将这些结论可视化并形成图谱，这样便能使我们对项目的整体情况有更加清晰的了解。

在项目复盘过程中，我们通常会特别关注外部环境和因素，然而许多项目的成败往往由内部环境和因素决定，项目负责人也是其中一个关键因素。因此，想要获得最佳的复盘结果，必须客观中立地列出包含自身条件在内的所有重要因素并进行整体分析。

2. 两种常用的复盘方式

复盘有多种方式，通常这些方式源自项目负责人在项目运营过程中积累的经验，因此最适合自己的就是最有效的。在日常工作中，我们需要针对熟悉的复盘方式总结经验，增加要素，扩展应用范围。

此外，项目复盘应在项目整体规划阶段就加以考虑。这样做的目的是在项目立项时就能最大限度地保留数据痕迹，为复盘时提供足够的数据支持。在项目复盘阶段，我们需要收集的痕迹包括项目成员之间的讨论记录和项目负责人推进过程中的思考痕迹。而数据则要在各模块推进过程中形成数据看板，涵盖所有具体的数据展示。

根据以往的项目经验，笔者常用的复盘方式有两种，这两种方式实际上是基于项目运营中的两条主线总结出来的。

（1）阶段复盘法

根据项目规模的不同，项目可以拆分为多个阶段。阶段复盘法适用于项目规模较大、数据量庞大的情况。在这种方式中，我们将项目拆分成不同阶段，逐步整理各个阶段的相关数据和痕迹。

这样做的目的是尽量还原当时决策的情境，因为复盘通常发生在项目某一阶段结束后，这时我们可以像旁观者一样回顾项目的阶段性进展，包括团队成员的言行和负责人的决策等。我们知道，项目成败往往在细节中，但细节不仅指具体执行动作，还包括在某一时间段内做出的决策。最重要的细节常常出现在被忽视却又关键的时刻。

（2）要素复盘法

要素复盘法是笔者非常喜欢的一种方式，即使在大型项目复盘中，笔者也经常独自使用这一方式来帮助自己总结整个项目过程。

要素复盘法强调感知和记忆。我们知道，复盘需要关注特定时间点的痕迹。成员对每个时间点的记忆都有差异，当深度参与项目时个人的感受往往非常强烈。因此，在项目阶段某一阶段结束时，需要立即进行复盘工作，将所有能够记忆的要素列出，先不考虑对错，尽量全面地把要素写在纸上，之后再进行筛选，最后扩展完善每个要素的细节，从而完整呈现我们的思考过程。这一方法论在创意工作中也经常应用，示例如图 8-3 所示。

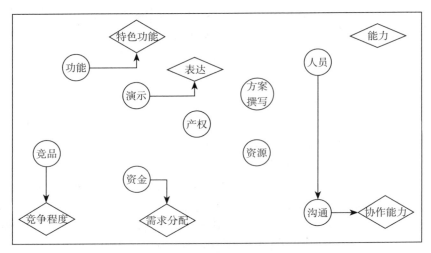

图 8-3 要素复盘法的样式

从另一个角度来看，项目负责人的自我复盘尤为重要。因为大多数企业或组织都强调负责人制度，这意味着项目负责人需要首先进行自我复盘，再与团队成员充分沟通。项目负责人独立进行自我复盘的原因在于，项目负责人在项目整体视野上的高度通常高于其他成员。

总体而言，在项目复盘中，项目负责人的自我复盘是第一步，其次是团队成员之间的复盘，这样才能确保复盘工作有序高效地完成。

8.2.2 用好 AIGC 工具箱

工具箱，也就是数字工具集，是我们职业能力图谱中非常重要的组成部分。在智能化时代，数字工具的价值与意义远超以往。正如笔者在前面所述，数字工具的智能化，已经不能简单地用我们对传统软件的理解方式来描述了。在使用数字工具时，无论是笔记文档，还是设计软件，或者是思维导图工具，我们都能通过其嵌入的 AIGC 技术，以查询、对话等方式，实现内容的智能生成，以及其他相关联的内容形式的转化与拓展。这正是 AIGC 技术为软件工具带来的拓展能力，具体如图 8-4 和图 8-5 所示。

由此可见，在某些模块中，智能工具可以支撑起完整的工具箱。笔者曾提到过，智能技术是集成化的效率工具，它的出现打破了以往工具分类和功能分割的局限，实现了集成与综合的能力。

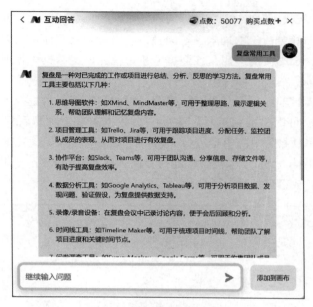

图 8-4　通过 AIGC 技术来辅助完成知识点的生成

图 8-5　项目看板中的 AIGC 功能可以辅助用户完成其他事项

前面笔者提到过如何在项目管理的不同阶段使用智能工具，并强调目前智能工具在整体判断和分析上的局限性。同理，不同阶段的智能工具也能够有效辅助项目复盘工作，最直接的应用是在数据分析模块从海量数据中提取特征，这正是智能工具的优势所在。

通过数字工具辅助项目复盘时，我们可以利用智能技术进行工具的模块化分析。例如，我们可以将数字工具产生的一页数据表或者项目看板的截图提交给 ChatGPT，让其对截图中的内容进行分析，并反馈其中需要优化的部分，具体操作如图 8-6、图 8-7 所示。这就是将项目各阶段所使用的数字工具的数据提交给智能工具并以对数字工具进行评估的过程。

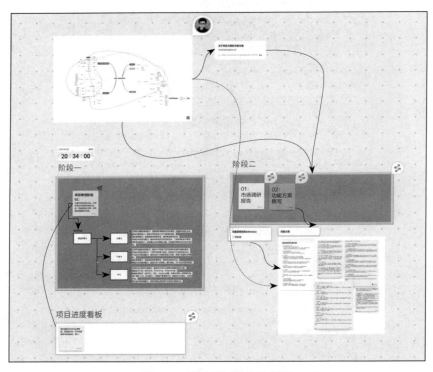

图 8-6　项目看板整体的截图

ChatGPT 根据截图的内容迅速给出了优化建议，如图 8-8 所示。

结合图中 ChatGPT 的回复，我们发现这个项目看板存在信息混乱、缺乏进度追踪、责任不明确、沟通不便、任务详细信息不足、阶段目标不清晰、视觉布局问题等几个方面的不足。通过这些方面的改进，可以使项目看板更加高效和实用，提升团队协作效率和项目管理效果。

图 8-7　将项目看板的截图提交给 ChatGPT

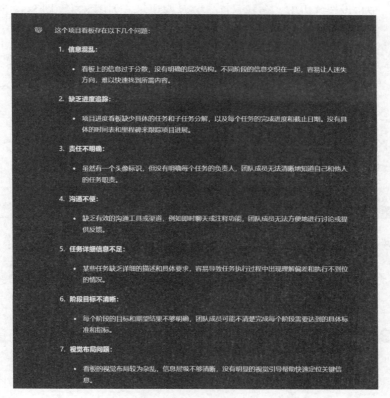

图 8-8　ChatGPT 对项目看板进行分析和反馈

　　不过这只是一个示范案例，这样借助智能工具的流程与方式可以应用到每个项目管理阶段中。将每个内容模块的数据或者截图提交给 AI 工具，以获得智能视角的分析，再综合项目经理自己的分析与团队协同研讨的结果，形成一个维度全面的结论，从而帮助我们完成工作复盘。

8.3 第五堂实践课：协同复盘发挥团队价值

前面曾分享过笔记类协同文档软件的工作模式，当我们需要项目成员协作以辅助完成其他内容模块时，我们只需要将项目成员的账号添加到协作关系中，并将需要优化或添加内容的文档链接发给项目成员。项目成员即可打开该链接，开始撰写工作。这是一个非常典型的协同工作模式。

协同复盘也是如此，我们可以通过之前使用过的看板工具来完整实现这个场景，让成员的智慧在复盘工作中得到充分发挥。

我们通过博思白板工具创建一个结构化的包含多个内容模块的项目复盘看板，并一步步设置好内容，包括封面、复盘模块等，如图 8-9 ～图 8-12 所示。

图 8-9　AI 功能辅助生成项目复盘看板画布

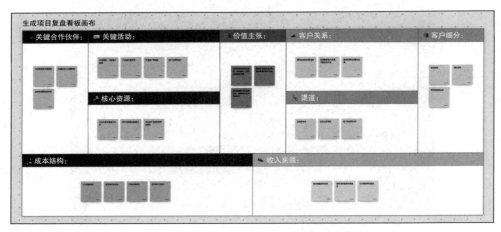

图 8-10　初步生成一个结构化的项目复盘看板画布

通过以上的步骤，我们成功生成了一个项目复盘看板画布。在画布中，我们可以看到各个重要的复盘模块，每个模块中都有类似便签条的图片，团队成员可以在这些区域添加自己的项目思考内容，如图 8-13 所示。

图 8-11　设置项目复盘看板的封面

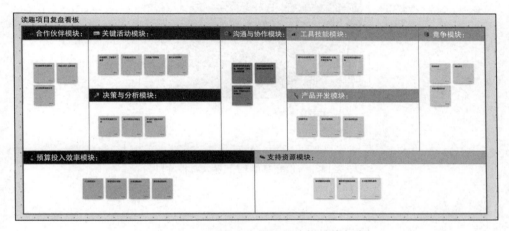

图 8-12　调整各内容模块的功能及其名称

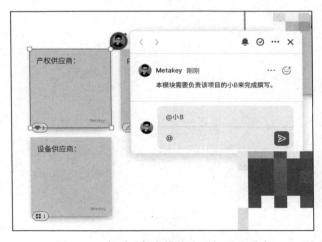

图 8-13　在项目复盘模块中增加一些需求

在项目复盘看板画布中的各个模块，项目负责人可以指定项目成员在不同模块中填写内容，并在沟通文本框中添加成员的名字。项目成员会收到协作软件工具中的即时消息，打开软件时会看到弹出的对话框，提醒成员完成相关的任务内容。等所有成员完成内容表达后，这个复盘过程将留下痕迹，并作为一个完整的案例进行保存，支持我们为下一次项目做好准备，如图 8-14 所示。

图 8-14　一份完整的项目复盘看板文件

第 9 章 *Chapter 9*

可预见的未来

当 ChatGPT 第一次出现在我们的视野之中时，许多人可能并不了解什么是大模型，也未曾预料到智能技术会迅速发展到能够理解自然语言，甚至完成许多复杂任务的程度。可是，随着话题热度逐渐平息，许多人依旧依据固有认知，认为 AIGC 技术会像之前的元宇宙一样，成为一种短时间内无法落地成为现实的技术。然而，通过本书的具体描述和各种数字工具的操作，我们可以清楚地看到，智能技术在专业领域已经成为非常重要的辅助工具。

9.1 世界正在变革

9.1.1 正在发生的产品革命

大模型已经成为 2024 年科技领域最具竞争力的领域之一，头部科技公司纷纷发布最新的大模型版本，并通过大量的数据证明自家大模型更为先进，更能代表实现 AGI 的路径。越来越多的人开始借助大模型产品来满足在学习、创作、研究等方面的需求。尤其在一些产出海量数据的行业与领域，智能技术事实上已经替代了人类的工作，能够独立完成创作与研究的任务。

1. 大模型技术正在快速迭代

随着大模型竞争的加剧，尤其是用户规模的不断扩大，大模型正在变得越来越普及，仿佛一款普通的数字工具。而近期，大模型的价格也在不断下降，这一趋势必将推动大模型技术适配更多的数字工具，并增加普通人使用大模型的频率与范围，如图 9-1 所示。

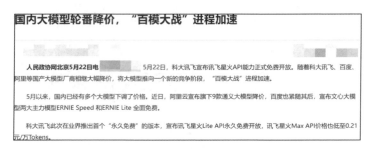

图 9-1　大模型降价的新闻报道

　　随着多模态技术及垂直领域小模型的普及，我们能通过大模型技术完成更多任务。比如，笔者曾将图片、文件等发送给大模型应用进行解析，得到的解析内容的准确度和质量已经非常高。随着数据或信息量的增加，大模型在处理事务的效率与人类之间也会拉开差距，大模型的优势会变得愈加明显。同时，当前知名的人工智能技术公司 OpenAI 几乎开放了所有新产品，如图 9-2 所示。

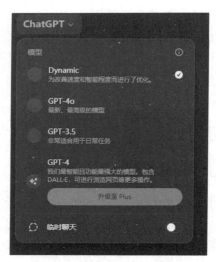

图 9-2　OpenAI 的产品系

　　当然，最大的变数仍是 OpenAI 的 Sora 模型，它被认为是目前最接近 AGI 的大模型。如果 Sora 正式向公众开放，尤其是面向个人用户开放，那么可以想象智能技术会对我们当前熟悉的一切产生巨大的冲击。

2. 融合大模型技术的设备与软件正在加速推出

2024 年 5 月 21 日，微软在发布会上推出了全新的 Surface 系列产品，其中最大的亮点是智能技术与硬件的结合。正如微软宣传的那样，Copilot + PC 正式成为 PC 设备的新代名词，如图 9-3、图 9-4 所示。

图 9-3　Copilot + PC

图 9-4　Copilot + PC 使设备全面融合生成式 AI 的能力

此次发布会还有一个亮点是小模型的崭露头角，成为硬件设备的核心，这表明端侧智能已具备大规模应用的基础。我们或许可以说，智能硬件走到今天，才真正实现了"智能"。

无论是 AI PC 还是 AI Phone，当前沿技术已经应用到我们日常使用的硬件与软件中时，我们就必须认真对待正在发生的一切技术变革了。

9.1.2　正在发生的效率革命

我们都知道，在日常工作中，当专业知识与行业经验积累到一定程度时，效率就决定了结果。而大模型技术的出现，进一步突破了效率提升的瓶颈。大模型技术的主要使用场景如表 9-1 所示。

表 9-1　大模型技术的主要使用场景

使用场景	说明
信息挖掘	将世界知识与从图片和视频中提取的信息融合
对象识别	回答与对图片和视频中的对象进行精细识别相关的问题
数字内容理解	回答问题并从信息图、图表、图形、表格和网页等各种内容中提取信息
结构化内容生成	根据提供的提示说明，以 HTML 和 JSON 等格式生成响应
字幕 / 说明	生成具有不同细节级别的图片和视频说明。我们建议您从以下图片 / 视频提示开始，通过迭代操作获取更具体的说明 ● 图片："您能编写关于图片的说明吗？" ● 视频："您能编写这个视频所发生情况的说明吗？"
推断结果	根据位置推荐向用户其他相关的内容，包括在图片或视频之后 / 之前 / 之间可能发生的情况，并实现创造性用途，例如根据视觉输入编写故事

　　大模型的商用，成为数字工具升级的新一波浪潮。只要我们对自身职业有更高的追求，或对更高效率有更多期待，AI 技术便是我们当下最重要的体验和尝试。

　　大模型与工具的结合不同于个体体验大模型，后者主要是浅层的应用，更偏娱乐化，用户难以直观地感受到大模型技术带来的效率变革，以及智能工具流对自身职业的巨大影响。大模型与工具结合的应用场景示例如图 9-5 所示。

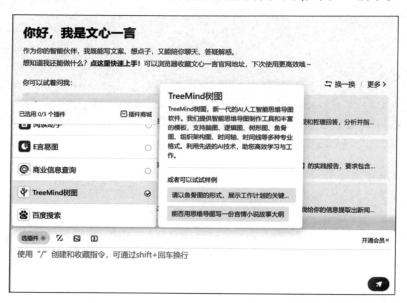

图 9-5　大模型与工具结合的应用场景示例

　　模型与专业软件、专业场景的结合，是 2024 年才开始的事情，而 ChatGPT 所引发的大模型技术普及热潮，距今的时间间隔与以前的技术普及时间相比非常短。这是因为智能技术拓展所依赖的应用基础与以往的技术拓展场景截然不同。将大模型部署在 Web 端，或开放 API 与现有数字工具结合，即可实现其快速拓展。

专业数字工具与大模型技术的全面融合，本质上加速了大模型在行业中的应用。如前所述，大模型的基础"养分"是数据，而与专业数字工具的结合，将进一步获取专业领域的数据，从而加速专业软件的升级。你经常使用的数字工具，正不断进行智能化升级，且迭代速度正在加快。

我们可以认为，当下的生活和工作场景正在经历由大模型推动的效率革命。随着智能技术的普及，越来越多的人开始让智能工具介入生活和工作场景，并利用智能技术提升自己的职业竞争力，弥补自身能力的短板。智能应用已经成为各大应用商店的热门，我们可以看到智能功能正不断被集成到数字工具中，或者出现在各大应用商店的排行榜前列，如图 9-6、图 9-7 所示。

图 9-6　ChatGPT 在应用商店排行榜的排名

图 9-7　Copilot 在应用商店排行榜的排名

在前面的内容中，我们将数据表格或思维导图的截图发送给 ChatGPT，发现其响应速度非常快，且解析结果已经可以作为正式内容应用于项目沟通、管理和运营中。从文生文到文生图，再到如今广泛应用于文字校对、翻译和撰写等领域，智能技术已经部分替代了传统的岗位内容。这些岗位涉及的群体难以再具备过去的职业优势。

当短视频行业崛起时，网络上曾将坚持图文写作的群体归类为"古典自媒体创作者"。这个群体可能因为习惯于图文创作或者不擅长出镜录制与视频编辑，而无法从事短视频创作工作。而在智能化时代，这些已不再成为障碍。对于不喜欢出镜的人群，可以通过数字人替代；而在剪辑软件工具普遍智能化的背景下，剪辑变得极为简便，如图 9-8 所示。

图 9-8　剪辑软件的智能化趋势

前沿技术带来的场景变革往往悄然发生，甚至不知不觉间这些技术已经开始部分替代人工。更重要的是，当这一趋势袭来时，我们几乎无法抵抗。在追求极致效率的今天，任何商业组织都将面临效率变革带来的影响，很难抵挡前沿技术带来的效率价值。我们要么成为前沿技术普及的受益者，要么成为被替代的群体。

9.2　第二大脑：降低工具使用门槛

在数字化进程中，笔者在以往的内容中不断提到数字工具在推动专业领域门槛降低方面的作用，其中一个显著特征就是模板化。模板化降低了用户的门槛，同时也降低了许多岗位对员工能力的要求。如前面所示的案例，通过简单的拖曳操作，就能迅速完成一份高完成度和高质量的设计作品。在思维导图、模型、项目进度管理、文案撰写等多个领域，我们都能看到这种高效率的创作形式和模式。

在数字化阶段，我们看到了一个趋势：**专业的数字工具正在通过协同与合作，拓展更多的功能，并通过资深用户的创作贡献，形成社区化，促使经验与技能的充分共享。**笔者将通过数字工具创作作品的群体称为数字创作者。与我们传统理解的内容创作者群体不同，数字创作者依赖于创作工具本身进行创作，且创作的内容必须是完整的作品。根据创作类型的不同，创作的门槛也有所不同。某种程度上，数字创作者与数字工具之间是互相依赖的关系：数字工具为创作者群体提供创作与销售所需的平台及社区功能，并为数字创作者提供可多次使用的标准与功能；而数字创作者则为数字工具的用户提供模板化的作品，作品类型越丰富，越容易吸引新用户的青睐，如图 9-9 所示。

图 9-9　可画中由数字创作者提供的模板化作品

这样的情况不局限于平面设计领域，格式化文档撰写、专业级数据表格制作等领域同样适用。正是这些特点，推动了数字工具朝着低门槛、低龄化的方向发展。如今，很多内容平台上，优秀的内容创作者不仅是大学生或上班族，还有很多是初中生甚至年龄更低的群体。随着智能化技术的普及，这一趋势会进一步加强。

智能是数字工具的终极愿景和展望。当数字工具具备了智能能力，它便拥有了"灵魂"，能够主动理解用户需求。在使用数字工具的智能功能时，当智能生成的内容与我们的需求存在差异时，通过与智能工具之间的互动，我们可以不断调整内容。这个过程非常重要，在交互的过程中，智能工具逐步理解我们的需求，并通过训练最终做到准确生成我们所需内容。

严格来说，过去使用数字工具时，我们才是真正的"大脑"，而数字工具仅仅是将某个领域所需的操作功能呈现到软件工作台上。此时完成作品需要通过用户具体的操作，思考则发生在软件之外。在那个阶段，软件是个人能力图谱中的技能要素，员工的核心竞争力来自他不断投入时间和精力来提高软件使用熟练度。当软件使用不再具有很高的门槛时，思考与创意才成为决定胜负的关键因素。这也解释了为什么刚进入职场时，我们常被建议多了解行业、观摩作品、深入思考，而在软件技能上则强调多做、多投入时间。

当数字工具智能化后，实际上形成了"两个大脑"：当我们将深思熟虑的作品形态通过数字工具实现时，AI 作为数字工具的大脑去理解我们的指令，人类智能与人工智能分别形成"想象"与"实现"两个中心。这才是理想的创作模式，它能够让有创意的人充分发挥想象力，让智能工具理解这些想法并将其付诸实现。

9.3 工具之外的思考：如何面对智能时代

我们不妨观察一下大模型技术迭代的频率，以 OpenAI 公司为例，其产品迭代频率如图 9-10 所示。

通过上面的产品更新时间轴，我们可以发现智能技术的迭代速度非常快，其中甚至有一些被认为是通往 AGI 的关键技术已经取得了突破。同时，头部科技公司也都在布局大模型技术产品，并且已经面向个人用户和商用市场，如图 9-11 ～图 9-15 所示。

每当最新的大模型发布时，笔者都会第一时间去体验和尝试，以了解智能技术的发展动态，并为此部署高性能设备来使用本地的大模型产品。笔者最直观的感受是，**智能技术的迭代速度非常快，能够独立且完整地胜任的工作内容越来**

多。那么，这是否意味着在当前的发展阶段，智能技术已经能够完全替代我们的工作内容？对于在某个行业工作多年的个体而言，我们面对智能技术的优势是什么？或者说我们如何应对智能技术带来的竞争问题？这些话题已经成为网络和现实中广泛讨论的内容。

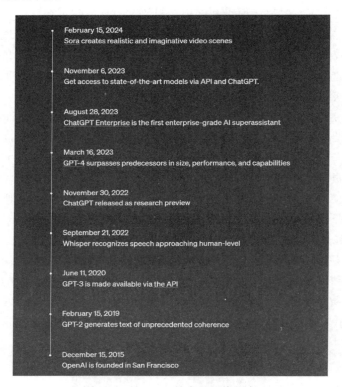

图 9-10　OpenAI 的产品迭代频率

图 9-11　Meta AI

图 9-12　Microsoft Copilot

图 9-13　Google AI Gemini 模型

What's GitHub Copilot

GitHub Copilot is your AI-powered coding assistant, offering assistance throughout your software development journey. Leveraging large language models, it offers suggestions via code completions and chat, as detailed below:

- Code completions: You can receive auto-complete type suggestions from GitHub Copilot either by starting to write the code you want to use, or by writing a natural language comment describing what you want the code to do.

- Chat: You can engage in a conversation about your codebase using GitHub Copilot Chat within your IDE. Whether you're troubleshooting a bug or crafting a new feature, GitHub Copilot is here to assist when you encounter challenges – simply ask for guidance.

图 9-14　Copilot 在行业中的应用

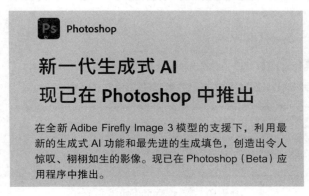

图 9-15　智能技术的行业应用

在前面的内容中，笔者曾多次强调，要通过组建数字工具的协同体系来提升自身的竞争力。笔者也切身实践着不同的数字工具，使用其智能功能来满足创作需求。

当数字工具的协同网络体系中嵌入大模型技术后，我们会发现原先的数字工具具备了原本没有的能力。例如，借助大模型工具，可以生成文档、方案，甚至图片素材等内容。因此，数字工具智能化后，单一工具实际上已变成了一个综合性的工具平台。当然，当前这种智能化场景仍受限于数字工具嵌入的大模型的能力，所以我们无法体验到完全智能化的场景。细心的读者也许已经注意到，虽然本土化的数字工具能够生成内容，但仍需要人为干预，调整后才能成为实际可用的内容。

然而，展望未来，随着大模型技术的升级，我们最终会体验到更加完整的智能化场景，以及智能技术发展带来的真正自动化。

我们需要基于现有的大模型技术，并着眼于未来，思考我们过去积累的经验、技能和知识等的意义与价值。这是很多人在面对智能技术发展时，尤其是当听说新智能技术出现时，容易恐慌与焦虑的原因。

以 OpenAI 发布的 GPT-4 为例，它已经能够识别大量文件，并在文本撰写、数据分析、信息处理等多个领域展现出强大的专业能力。专业能力的突破意味着，大模型技术可以替代部分人类岗位的职能，随着时间的推移，这种替代范围将不断扩大，甚至涉及全部岗位。例如，在生物领域，用于蛋白质结构预测的 AlphaFold 3 被视为一个重大突破，被科学杂志 *Nature* 誉为迈向"核时钟"的关键一步，如图 9-16 所示。

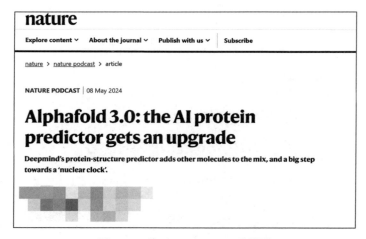

图 9-16　关于 AlphaFold 3 的报道

通过前面的描述与操作案例，我们可以总结出一些应对智能技术的方法与策略。

（1）关注智能技术的发展

随着智能技术的快速发展，关注其最新动态不仅有助于我们把握行业趋势，还能帮助我们及时调整自身的技能与工作方式。我们不但要关注技术更新迭代的历程，而且要关注智能技术的多样化应用，理解它在行业中的作用。

（2）创建数字工具协同体系

不同职业的属性不同，例如，项目经理所负责的工作内容较为多样化，这意味着项目经理常常需要使用多款不同的工具。在智能技术逐渐普及的背景下，我们需要尽量固化自己的工具体系，并使用这些工具来提升协作效率。

（3）积极体验大模型产品

有条件的情况下，可以本地部署或通过接口来使用前沿的大模型产品处理复杂的数据与文件。例如，笔者会使用 ChatGPT 作为数据与文件优化工具。尤其应该尽可能多地使用智能技术来辅助完成内容创作。我们知道，智能技术需要不断接收用户反馈来提高生成结果的准确度。

（4）保持专业的判断力

AIGC、端侧 AI 以及具身 AI 等，都是当前最为火热的智能技术应用场景。在通往 AGI 的道路上，人与智能之间的互动是必不可少的。例如，当我们使用 ChatGPT 生成内容时，仍然需要具备判断能力；当我们通过数字工具的 AI 功能生成模型、图片、思维导图等文件时，也需要独立判断其内容结构是否符合当前工作的需求。可见，专业知识储备与想象力是我们面对智能技术，尤其是 AIGC 时，能够发挥的核心优势。

独立思考与想象力是智能时代难以替代的关键能力。这也解释了为什么在智能技术发展的过程中，大多数可以标准化、流程化的工作会被替代。

举例来说，撰写一份文档时，智能技术明显比人工的效率更高。这种效率表现在综合性上。以撰写一份专业方案为例，我们需要思考其目录与大纲、撰写风格、数据案例等内容，且在撰写过程中，我们还可能需要处理翻译、校对等多项任务。当我们使用 ChatGPT 或前面提到的秘塔写作猫等工具时，我们会发现智能生成的速度非常快，且结合人工思考的要素内容，智能工具可以一站式完成所需的专业方案，无须再进行校对等环节。智能工具是一种综合性能强大的工具，但当智能工具（如 ChatGPT）生成内容后，我们的作用才体现出来：我们需要根据自身的经验、知识储备等，判断内容是否需要优化和修改，以便适应我们的实际需求和工作内容。

再以构建工具协同体系为例，我们首先需要具备整体性思维，能够清楚地选择哪些工具适配哪些任务，并通过完整的工作流构建相应的工具体系，以真正满足工作或创作的需求。

同样，笔者前面利用可画这一工具进行了一个简单的案例实践，最终完成了一组设计作品。当可画提供的背景图不符合预期时，我们可以通过一些文生图工具创建自己想象的画面，再通过可画等工具将其组合，最终完成创作。

类似的情况也出现在摄影领域。当我们拍摄完成照片后，也可以通过 DALL·E 3、Midjourney 等图生图智能工具（如图 9-17、图 9-18 所示），创造风格独特的图片，或实现更好的修图效果。AI 生图不再是想象，已经被许多机构或个人创作者应用于实际的商业项目中。

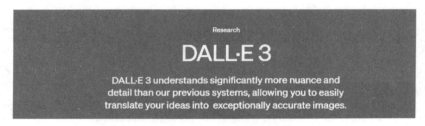

图 9-17　DALL·E3 官网

图 9-18　Midjourney 官网

综上所述，当面对前沿技术，尤其是那些可能带来颠覆性影响的技术时，最好的方式不是抗拒或排斥，而是积极拥抱新技术，成为使用者和参与者，并将这个过程中的经验和能力融合进我们的职业能力图谱，从而重塑我们的竞争力。